Juli Zeh
Corpus Delicti

INTERPRETATION

von MATTHIAS EHM

STARK

Bildnachweis
Umschlag: Björn Hickmann/stage picture
S. 3: picture-alliance/dpa
S. 19, 22: © Katrin Ribbe
S. 32: © Matthias Kolodziej
S. 47, 52, 85: Björn Hickmann/stage picture
S. 68: picture alliance/ZB
S. 91: Iko Freese/DRAMA

© 2023 STARK Verlag GmbH
www.stark-verlag.de
3., veränd. Auflage
1. Aufl. 2018

Inhalt

Autor: Matthias Ehm

Vorwort

Lieber Schüler, liebe Schülerin,

liegt Ihnen Ihre **Gesundheit** am Herzen? Sind Ihnen Hygiene, gesunde Ernährung und körperliche Fitness wichtig? Überprüfen Sie Ihre körperliche Verfassung mit Fitness-Apps? Sollte der Staat Maßnahmen zur Verbesserung der Gesundheit seiner Bürger ergreifen? Wenn Sie diese Fragen bejahen, wird die Lektüre von Juli Zehs *Corpus Delicti* auf jeden Fall wertvoll für Sie sein. Gewinnbringend wird der Roman auch für diejenigen unter Ihnen sein, die sich für das Verhältnis von **Staat** und **Individuum**, für Probleme wie **Überwachung** und **Datensammlung** interessieren und die sich fragen, inwieweit der **Staat** sie in ihrer **Lebensführung bevormunden** darf.

Zehs Leistung besteht u. a. darin, dass diese komplexen Themen in einer **spannenden Geschichte** verpackt sind: Das Schicksal von Mia und Moritz Holl, die in der **Gesundheitsdiktatur** der *Methode* **in Konflikt mit dem Staat** geraten, fesselt den Leser.

Die vorliegende Interpretationshilfe hilft Ihnen dabei, den Roman zu verstehen. Auf eine kurze **Biografie** Juli Zehs folgt eine nach den Romankapiteln strukturierte **Inhaltszusammenfassung**. Diese stellt die Grundlage für weitere Kapitel dar, die Ihnen die Interpretation des Romans erleichtern sollen. Dabei werden u. a. der **Aufbau**, die **Figuren** und **thematische Schwerpunkte**, aber auch **sprachliche** und **erzähltechnische Besonderheiten** analysiert. Abgerundet wird dieser Teil durch die Interpretation von drei **Schlüsselstellen**, die die vorher genannten Analyseaspekte an konkreten Textbeispielen verdeutlichen. Den Abschluss bildet ein Überblick über die **Rezeption** des Werkes. Viel Freude bei der Beschäftigung mit *Corpus Delicti* wünscht:

Matthias Ehm

Matthias Ehm

Hinweis:

Dieser Band enthält **Lernvideos zur Analyse von epischen Texten und zur Handlung des Romans** sowie ein **Online-Glossar zu literarischen Fach-**  **begriffen**. Wenn Sie diese Inhalte über ein Smartphone oder ein Tablet abrufen wollen, können Sie den nebenstehenden QR-Code mit einem beliebigen QR-Code-Scanner einscannen. Ansonsten finden Sie diese Inhalte auch unter:

https://www.stark-verlag.de/qrcode/2400901

Im Hinblick auf eine eventuelle Begrenzung des Datenvolumens wird empfohlen, dass Sie sich beim Ansehen der Videos im WLAN befinden.

Einführung

Wir neigen alle ein bisschen zu so einer Körperegozentrik, als wäre tatsächlich Gesundheit das höchste Gut. Wenn man sich mal überlegt, was dann alles nicht die höchsten Güter sind, so etwas wie Liebe, Solidarität vielleicht, Verantwortung für andere und so weiter, dann wird [...] schnell klar, was damit gemeint ist. Menschen, die sich sehr stark auf ihren Körper fixieren, da hängen dann so Begriffe dran [...] wie Schönheit, Jugend, Leistung, Fitness, alles sehr kapitalistische Begriffe. Das ist einfach eine stark ichbezogene egozentrische und irgendwie sozialfeindliche Haltung, von der ich einfach nicht glaube, dass die für den Menschen als Sozialwesen besonders adäquat oder auch nur vernünftig ist.[1]

Mit diesem Zitat **problematisiert** die Autorin Juli Zeh die **Verabsolutierung des Gutes Gesundheit**. Die Fixierung auf den eigenen Körper und der Trend zur Selbstoptimierung **untergraben** nach Meinung von Zeh den **sozialen Zusammenhalt**.

Das Zitat stellt uns Juli Zeh als **meinungsstarke Autorin** mit einem regen Interesse an aktuellen politischen und gesellschaftlichen Fragestellungen vor. Ihre Haltung wird auch in ihrem Werk *Corpus Delicti* deutlich, das sie selbst als einen **politischen Roman** bezeichnet. Darin zeigt sie, welche Folgen eine Verabsolutierung von Gesundheit für den Einzelnen und für das Gemeinwesen haben könnte. Dazu entwirft sie die **Gesundheitsdiktatur** der *Methode*, die sie in der nahen Zukunft situiert. Diese legitimiert ihre Herrschaft dadurch, dass sie jedem einzelnen Bürger ein **Leben in Gesundheit und Frieden** garantiert. Dazu schreibt die *Methode* den Menschen genau vor, wie sie zu leben haben. „Unvernünftige" Verhaltensweisen bzw. Lebensstile, die diesem Ziel entgegenzustehen scheinen, sind strafbar. Die Medien sind

„gleichgeschaltet", unabhängiges Denken ist unerwünscht, Systemkritik oder gar Widerstand sind streng verboten. Lückenlos und mit hohem technischen Aufwand **überwacht der totalitäre Staat seine Bürger**, die in ihrer übergroßen Mehrheit bereitwillig auf Selbstbestimmung zugunsten von körperlicher Gesundheit verzichten. Wer allerdings wie die Geschwister Holl **Kritik am System** übt, wird gnadenlos **verfolgt und vernichtet**.

Juli Zeh schreibt die von ihr beobachteten Tendenzen der Gegenwart fort und überzeichnet diese in Form einer Dystopie. Die Autorin wirft die Frage auf, wohin der Trend zur Körperfixierung und Selbstoptimierung führen wird. Außerdem zeigt sie in *Corpus Delicti,* was geschehen könnte, wenn das Gut Gesundheit dahingehend verabsolutiert wird, dass ein Staat seine Legitimation aus ihrer Garantie bezieht. Im Methodenstaat kann zwar jeder materiell sorgenfrei und ohne Angst vor Krankheit leben. Eine **Privatsphäre** existiert jedoch ebenso wenig wie die Möglichkeit **autonomer Entscheidungen**, da diese im Sinne der sich rational gebenden, wissenschaftsorientierten *Methode* „unvernünftig" sein könnten.

Mit der **Coronapandemie** ab 2020 gewann die Problematik von *Corpus Delicti* neue Aktualität. Die Pandemie führte dazu, dass Menschen freiwillig auf die Ausübung ihrer Grundrechte verzichteten und soziale Kontakte mieden, um gesund zu bleiben. Zweitens schränkte der Staat zeitweilig individuelle Rechte ein, um den Gefahren der Pandemie für die Gemeinschaft allgemein und für verletzliche Gruppen im Besonderen zu begegnen – allerdings blieb anders als im Roman der demokratische Rechtsstaat bestehen. In dieser Zeit wurde *Corpus Delicti* zu einer immer beliebteren Schullektüre: Der Roman regt den Leser zum **Nachdenken** darüber an, bis zu welchem Punkt er bereit ist, **Freiheitsrechte** zugunsten der **Garantie von Gesundheit** einzutauschen, was Gesundheit für ihn bedeutet und welche anderen Werte für ihn wichtig sind.

Biografischer Hintergrund

1 Leben und Werk

Julia Barbara („Juli") Zeh wurde am 30. Juni 1974 in Bonn geboren. Ihre Mutter war als Übersetzerin tätig, ihr Vater war Jurist und zeitweise Direktor des deutschen Bundestags. Damit wuchs Zeh in einem gebildeten Elternhaus auf. Zugespitzt könnte man sagen, dass ihr das **Interesse für Literatur, Politik und Recht** in die Wiege gelegt wurde. Schon als Mädchen schrieb Zeh gerne lange Geschichten.

Von 1984 bis 1993 besuchte sie ein Privatgymnasium in Bad Godesberg, wo sie das **Abitur** als Jahrgangsbeste ablegte. 1993 begann sie als Stipendiatin der *Studienstiftung des Deutschen Volkes* ein **Jurastudium** im bayerischen Passau, wo sie sich als linke Außenseiterin unter den aus ihrer Sicht sehr angepassten, karriereorientierten und konservativen Kommilitonen ansah. So wechselte sie bald in die sächsische Metropole **Leipzig**, weil sie sich von der dort herrschenden Umbruchs- und Aufbruchsstimmung im Gefolge der Wiedervereinigung angezogen fühlte. Außerdem wollte sie – zusätzlich zum Jurastudium – am 1995 neu gegründeten *Deutschen Literaturinstitut Leipzig* **literarisches Schreiben studieren**. Ihr Jurastudium verfolgte sie trotzdem weiter, weil sie eine Existenz als Freiberuflerin abschreckte: „Ich war immer viel zu nüchtern und viel zu wenig der Künstlertyp, als dass ich gesagt hätte, ich werde Autorin."[2]

1998 schloss Zeh ihr Jurastudium mit einem glänzenden ersten juristischen Staatsexamen ab, 2000 erwarb sie am Literaturinstitut ein Diplom. Erste Essays und Erzählungen wurden veröffentlicht. Von 1999 bis 2001 setzte sie mit dem Aufbaustudiengang *Recht der Europäischen Integration* ihre Rechtsstudien fort und erwarb einen **Magisterabschluss**. Danach leistete sie bis 2003 ein **juristisches Referendariat** am Landgericht Leipzig ab, das sie mit dem zweiten juristischen Staatsexamen erfolgreich beendete. Nachdem bereits **2001** ihr **erster Roman** *Adler und Engel* als Abschlussarbeit des *Deutschen Literaturinstituts Leipzig* erschienen war, veröffentlichte Zeh 2004 ihren Roman *Spieltrieb*. 2007 verließ die Autorin mit ihrer Familie Leipzig und zog in ein **Dorf im brandenburgischen Havelland**. In Interviews gab die Autorin an, sich von der sich ausbreitenden „Regelwut" und dem wachsenden „Sicherheitswahn" in Leipzig zunehmend abgestoßen gefühlt zu haben.[3] Im selben Jahr erschien der Kriminalroman *Schilf* und ihr **Theaterstück** *Corpus Delicti* wurde **erstmals aufgeführt**.

Ihr **zivilgesellschaftliches Engagement** unterstrich Zeh dadurch, dass sie eine – allerdings erfolglose – Verfassungsbeschwerde gegen die Einführung des biometrischen Reisepasses einlegte, der biometrische Merkmale wie Fingerabdrücke zur Personenidentifikation beinhaltet. 2009 erschien schließlich die **Romanfassung** von *Corpus Delicti. Ein Prozess.* Gemeinsam mit dem Schriftsteller und Publizisten Iljia Trojanow veröffentlichte sie außerdem eine Kampfschrift mit dem sprechenden Titel *Angriff auf die Freiheit. Sicherheitswahn, Überwachungsstaat und der Abbau bürgerlicher Rechte* und schaltete sich damit in die Debatte über die Themen Sicherheit und Terrorismus ein. Dabei warnten beide vehement vor der starken Einschränkung der Privatsphäre.

Auch der Rechtswissenschaft blieb Zeh treu: 2010 wurde sie mit einer völkerrechtlichen Dissertation über den Rechtssetzungsprozess in Übergangsverwaltungen im Kosovo und in Bosnien-Herzegowina zum Dr. jur. **promoviert.** 2012 erschienen ihr Sachbuch *Die Diktatur der Demokraten. Warum ohne Recht kein Staat zu machen ist* und ihr bekannter Roman *Nullzeit.* 2013 lehrte Zeh als Gastdozentin an der Frankfurter Goethe-Universität **Poetik.** Ihre Vorlesungen wurden später unter dem Titel *Treideln* publiziert. Außerdem veröffentlichte sie mit namhaften Politikwissenschaftlern das Buch *Was steht da zur Wahl? Über die Zukunft der Politik.* Die Affäre um das Ausspähen deutscher Politiker durch den US-Geheimdienst NSA bewog sie dazu, zusammen mit anderen kritischen Schriftstellern einen Brief an Bundeskanzlerin Merkel zu richten, in dem diese aufgefordert wird, die Bevölkerung über die Spähangriffe aufzuklären und angemessen darauf zu reagieren. Über 67 000 Bürger unterzeichneten diesen Brief mit.

2016 sorgte Zeh mit dem **Gesellschaftsroman** *Unterleuten,* der **Konflikte in einem brandenburgischen Dorf** thematisiert, für Aufsehen.

Im Jahr 2019 ist Juli Zeh als ehrenamtliche Richterin am Verfassungsgericht des Landes Brandenburg vereidigt worden.

2020 erschien das Buch *Fragen zu „Corpus Delicti".* Ausgehend von Nachfragen zum Roman, die sie von Lesern erreichten, führt Zeh ein **Interview mit sich selbst.** Dabei beschäftigt sie sich mit der Entstehungsgeschichte, der Handlung und den Figuren des Romans, aber auch mit dessen Interpretation. Darüber hinaus setzt sich die Autorin mit dem heutigen Menschenbild sowie den Besonderheiten der heutigen Gesellschaft auseinander und fragt, wie wir zusammenleben wollen und welche gemeinsamen Werte uns wichtig sind.

Während der Pandemie machte Juli Zeh mehrfach mit **Kritik an der Coronapolitik** der Bundesregierung von sich reden. Zum

Beispiel sprach sie sich im April 2020 gemeinsam mit anderen Intellektuellen in einem Beitrag im *Spiegel* gegen eine Fortführung des Lockdowns aus, 2021 lehnte sie die Impfpflicht als massiven Eingriff in die persönliche Freiheit ab. Bei aller Kritik wahrte sie dabei stets Abstand zu „Querdenkern" und Coronaleugnern.

Neben den erwähnten Werken brachte Juli Zeh weitere Dramen, Sachbücher, Kinderbücher und Essays heraus. Darüber hinaus war sie zeitweilig für den *Spiegel* als regelmäßige **Kolumnistin** tätig und trat häufig in politischen **Talkshows** auf. Für ihr literarisches Schaffen und ihr zivilgesellschaftliches Engagement erhielt die Autorin viele **Preise** wie den Carl-Amery-Literaturpreis (2009) oder den Thomas-Mann-Preis (2013). Sie gehört zu den wichtigsten Autoren der deutschen Gegenwartsliteratur und gilt als Intellektuelle, die bereit ist, zu brisanten Themen öffentlich Stellung zu beziehen.

Weitere Werke in Auswahl

Außer in *Corpus Delicti* behandelt Juli Zeh auch in anderen Romanen **rechtliche, moralische und politische Fragen**.

Dazu zählt ihr Debütroman *Adler und Engel* (2001). Dessen Protagonist ist **Max**, ein Karrierejurist, der als **Experte für Völkerrecht** arbeitet. Eines Tages trifft er seine Jugendfreundin **Jessie**, die Tochter eines Drogenhändlers, wieder. Während eines Telefonats mit ihr glaubt er Zeuge zu werden, wie sie sich am Telefon **erschießt**, weil sie Angst vor den Killern eines serbischen Milizenführers hat. Daraufhin verliert Max seinen Lebenswillen und beschließt, sich mit Kokain zugrunde zu richten. In seiner Verzweiflung ruft er die **Moderatorin und Psychologiestudentin Clara** im Radio an. Diese ist an seinem Fall interessiert, allerdings nicht aus Hilfsbereitschaft, sondern aus **wissenschaftlicher Neugier**. Sie bringt den selbstzerstörerischen Max dazu, seine **kriminelle Vergangenheit** aufzuarbeiten, um die Recherche für ihre Diplomarbeit zu nutzen. Es zeigt sich, dass der jugendliche Max als **Drogenkurier** für Jessies Vater gearbeitet hat, der über die Balkanroute Drogen nach Mitteleuropa bringen hat lassen. Dieser hat später dafür gesorgt, dass Max von einer renommierten Anwaltskanzlei angestellt worden ist, deren Chef ebenfalls Teil des **Drogenschmugglerrings** gewesen ist. Die Drogenschmuggler stehen mit Clara in Kontakt, denn sie hoffen, dass Max sich an ein **Passwort Jessies** erinnert, mit dem diese eine **Datenbank voller wichtiger Informationen** über das internationale Netzwerk gesichert hat. Max händigt ihnen dieses schließlich aus. Die Mischung aus **Liebesgeschichte, Entwicklungsroman, Kriminalgeschichte** und **Politthriller** wurde von der Kritik überwiegend positiv aufgenommen.

Ihr zweiter Roman *Spieltrieb* (2004), in dem Themen wie **Macht und Verführung, Recht und Gerechtigkeit** verhandelt werden, steht in der Tradition des **Adoleszenz-** bzw. **Schulromans**. Ansatzpunkt ist die These, dass den Menschen, wenn sie sich nicht mehr von **moralischen Vorstellungen** leiten lassen, nur noch ihr Spieltrieb bleibt. An einem Bonner Privatgymnasium ist die **intelligente Außenseiterin Ada** fasziniert von dem neuen **Mitschüler Alev**, der ihr diese „Spieltheorie" näherbringt. Gemeinsam entwickeln sie einen Plan: Ada **verführt** den **Sportlehrer Smutek**, Alev dokumentiert die Treffen und stellt sie passwortgeschützt auf die Internetseite der Schule, um den Lehrer zu erpressen. Als dieser sich wehrt, kommt es zu einem Prozess, in dem Ada sich **auf die Seite des Sportlehrers** stellt. Von Richterin Sophie, aus deren Sicht die Geschichte erzählt wird, wird Alev wegen Erpressung zu einer **Bewährungsstrafe** verurteilt. Das Werk wurde von der Kritik kontrovers aufgenommen.

Unterleuten (2016) ist ein **Gesellschaftsroman**, der in dem gleichnamigen **brandenburgischen Dorf** spielt. Dort gibt es kaum Infrastruktur und öffentliche Einrichtungen, die Einstellung der Einwohner lässt sich als **staatsfern** charakterisieren.

Gerüchte und gegenseitige Gefälligkeiten prägen das soziale Miteinander dieses **abgeschlossenen Mikrokosmos**, welcher von dem Sohn eines zu DDR-Zeiten enteigneten **Großbauern** dominiert wird, der seit Urzeiten von einem eingefleischten **Kommunisten** bekämpft wird. Zugezogene **Westler** wollen sich dort – im Glauben, ein Idyll vorzufinden – als Umweltschützer oder Pferdezüchter verwirklichen. Der Konflikt entwickelt sich, als ein Energieunternehmen ankündigt, im Gemeindegebiet einen **Windpark** errichten zu wollen, der der klammen Gemeinde hohe Einnahmen bescheren würde. Doch keiner der Grundbesitzer im ausgewählten Areal verfügt über ein Grundstück, das die nötige Mindestgröße besitzt. Der **Kampf um den wertvollen Grund** lässt die Situation eskalieren. **Alte Konflikte** aus der DDR-Zeit brechen neu auf, ebenso solche zwischen **Ossis und Wessis** sowie zwischen **Wendegewinnern** und **-verlierern**. Die Perspektive des Romans wechselt mit jedem Kapitel, sodass deutlich wird, wie jeder Einzelne sich im Recht glaubt, tatsächlich aber von **Eigennutz** getrieben wird und wie Fehleinschätzungen der Situation konfliktverschärfend wirken.

2021 brachte die Autorin den Roman *Über Menschen* heraus, der ähnlich wie *Unterleuten* in der ostdeutschen Provinz spielt. Die progressive Berlinerin Dora **flieht** aus der **Großstadt** und vor ihrem Freund, einem Klimaaktivisten und Besserwisser, der in der Corona-Pandemie zum Untergangspropheten mutiert. In einem brandenburgischen Dorf trifft die Aussteigerin auf Menschen, die **ganz anders auf die Welt blicken** als sie. Ihr Nachbar Gote erweist sich als sehr hilfsbereit beim Neustart, vertritt allerdings rechtsextreme Ansichten. Besonders als klar wird, dass „Dorfnazi" Gote an einem Hirntumor leidet, wird die Verbindung zwischen ihm und seiner Tochter einerseits und Dora andererseits enger. Juli Zeh zeigt eine intellektuelle Großstädterin in ungewohnter Umgebung beim **Abbau ihrer Vorteile** und **Hinterfragen der eigenen Lebensweise**.

2 Entstehungshintergründe von „Corpus Delicti"

Juli Zeh selbst betrachtete zumindest noch 2013 *Corpus Delicti* als ihren einzigen **politischen Roman**. Darunter versteht sie, dass der Verfasser beim Schreiben ein „konkretes politisches Ziel"[4] verfolgt. Der Begriff der gesellschaftlichen Relevanz hingegen lasse sich auf alle Literatur anwenden und sei daher nicht trennscharf. Politik erfordert laut Zeh Eindeutigkeit, die sich eigentlich sich schlecht mit dem künstlerischen Anspruch vertrage, insofern sei beim politischen Roman auf eine besonders **kunstvolle Gestaltung** Wert zu legen. Zeh betont, dass es ihr geholfen hat, die Thematik zunächst als **Theaterstück** aufzubereiten, bevor sie sich an die Romanform gemacht hat.

Ihr Ziel ist es, vor einem **Überwachungs- und Kontrollstaat zu warnen**, der den Menschen unter dem Deckmantel der Rationalität die Freiheit nimmt und ihnen alles vorschreibt. Zeh beschäftigen dabei die Entwicklungen seit den Terroranschlägen vom 11. 09. 2001, in deren Folge viele westliche Staaten die Bürgerrechte für ein angebliches **Mehr an Sicherheit** einschränkten und z. T. nicht davor zurückschreckten, im **Kampf gegen Terrorismus** auch **Folter** einzusetzen. In der Streitschrift *Angriff auf die Freiheit* (2009) bezeichnen sie und Mitautor Trojanow vollständige Sicherheit jedoch als Illusion, da kein Risiko komplett ausgeschaltet werden könne. Beide versuchen zu zeigen, dass die Wahrscheinlichkeit, Opfer eines Terroranschlags zu werden, äußerst niedrig ist, weitaus niedriger jedenfalls, als Opfer eines Verkehrsunfalls zu werden oder beim Baden zu ertrinken. Beide warnen vor falschen **Risikoeinschätzungen** und mahnen **Rationalität** an. In einem Interview mit dem *Stern* distanziert sich Zeh von der „Idee, ein gutes Leben als ein risikofreies Leben definieren zu wollen und diese Auffassung dann auch noch der ganzen Gesellschaft aufzuoktroyieren".[5] Risikoaversion und der Bedeutungsverlust von Religion oder Ideologien sind dabei für Zeh Ursachen der Fixierung auf den Körper und seines Funktionierens. Die Autorin verweist darauf, dass viele Elemente der *Methode* **gegenwärtig schon vorhanden** sind oder entwickelt werden:

> *Ich habe tatsächlich Dinge, die jetzt schon da sind, in ein fiktives System übertragen und ein bisschen überdreht. Vor allem habe ich den Totalitätsanspruch hinzugefügt. Es gibt auch jetzt schon Pflichtuntersuchungen für Kinder, das wird von den Eltern oft sogar gutgeheißen [...]. Es kann nicht mehr lange dauern, bis man Fruchtwasseruntersuchungen machen muss. Es ist ja auch schon so, dass das Amt vor der Tür steht, wenn man zu den Vorsorgeuntersuchungen für seine Kinder nicht geht. Ich wollte eigentlich sagen: Leute, stellt mal diese Mentalität infrage!*[6]

Bei der Konzeption des Romans stand offensichtlich **George Orwells düstere Zukunftsvision** *1984* Pate, auf dessen Einfluss Juli Zeh auch in Interviews hinweist. Orwell prognostiziert im Jahr 1948 für das Jahr 1984 einen **totalitären Überwachungsstaat**, der den Einzelnen jederzeit uneingeschränkt beobachten kann („Big Brother is watching you"). Um kritisches Denken auszuschalten, ist mit dem „Neusprech" eine vereinfachte Sprachvariante entwickelt worden und historische Dokumente werden laufend aktuellen politischen Entwicklungen angepasst, damit das System nicht in eine **Legitimitätskrise** gerät. In *1984* **begehrt** mit Winston Smith ein Einzelner **gegen das System** auf, wird von Personen, denen er vertraut, **verraten, gefoltert**, auf perfide Weise **umerzogen** bzw. einer **Gehirnwäsche** unterzogen und später freigelassen. Die **Parallelen** zu *Corpus Delicti* sind **offensichtlich**. Im Unterschied zu Orwells Roman setzt die *Methode* jedoch auf eine **subtilere Kontrolle der Menschen** und ist auch deswegen so erfolgreich, weil sie mit der **Garantie von Sicherheit und Gesundheit** weitverbreitete Anliegen umsetzt.

Auch der 1993 erschienene **Science-Fiction-Film** *Demolition Man* lieferte Zeh Inspirationen. So übernahm sie Gesundheits- und Ernährungsvorschriften des Filmes, außerdem die Idee des Scheintodes durch Einfrieren.

Doch nicht nur aktuelle Entwicklungen und Werke der Science-Fiction boten der Autorin Anregungen, sondern auch die Vergangenheit. So verweist der Name des Antagonisten **Heinrich Kramer** auf den gleichnamigen **Autor der berüchtigten Schrift** *Hexenhammer*, die 1486 erstmals erschien und die bis 1669 in 29 Auflagen veröffentlicht wurde. In diesem Werk beschreibt Kramer, der auch als päpstlicher Inquisitor tätig war, Hexenverbrechen und deren Folgen. Damit lieferte er die theoretische Grundlage für die brutalen **Hexenverfolgungen** am Ende des Mittelalters und zu Beginn der Neuzeit.

Ursprünglich wurde *Corpus Delicti* für das **Theater** geschrieben. Juli Zeh konzipierte es als **Auftragswerk** für die zweite **Ruhrtriennale** von 2005 bis 2007. Schauplätze dieses internationalen Kunstfestivals sind jeweils verschiedene Industriedenkmäler im Ruhrgebiet. Juli Zehs Theaterdebüt wurde **2007** im **Maschinenhaus der Zeche Carl in Essen** uraufgeführt, wo es großen Anklang fand. Das Programm in diesem Jahr nahm die Epochenschwelle von spätem Mittelalter und Früher Neuzeit in den Blick und setzte sich mit der Frage auseinander, ob unsere **Moderne** bereits **in dieser Epoche erfunden** wurde. Tatsächlich verbindet *Corpus Delicti* Mittelalter und Moderne, indem mit Heinrich Kramer ein Inquisitor und mit Mia Holl eine mythische Hexenfigur in die nähere Zukunft versetzt werden, außerdem weist der Verlauf des Dramas deutliche Ähnlichkeiten mit einem Hexenprozess auf.

Inhalt

1 Der Inhalt in aller Kürze

Einführung: Der Methodenstaat und Mia Holl (S. 7–28)	**Mitte des 21. Jahrhunderts** herrscht die **Gesundheitsdiktatur** der *Methode.* Deren Ideologie definiert die Gesundheit als oberstes Ziel. In einer Vorausschau wird die **Biologin Mia Holl** als **Terroristin** zum **Einfrieren verurteilt**. Zu Beginn der eigentlichen Handlung wird Mia wegen Verstößen gegen Gesundheitsauflagen vor **Gericht** geladen. Sie **trauert** um ihren **Bruder Moritz**, der in Haft **Suizid** begangen hat.
Kramer bei Mia: Der Fall Moritz Holl wird besprochen (S. 29–46)	Mia wirft **Heinrich Kramer**, dem Sprachrohr der *Methode,* vor, mittels einer **Pressekampagne** zu Moritz' Verurteilung und so zu dessen Selbstmord beigetragen zu haben. Moritz ist aufgrund eines positiven **DNA-Tests** zum **Einfrieren verurteilt** worden, nachdem eine seiner **Damenbekanntschaften ermordet** aufgefunden worden war. Kramer behauptet, dass der DNA-Test nicht angezweifelt werden könne, wie überhaupt die **Herrschaft** der *Methode* auf **Vernunft** beruhe. Vielmehr trage **Mia** eine **Mitschuld**, da sie die Angelschnur, mit der Moritz sich erhängt hat, ins Gefängnis geschmuggelt habe. Mias **innerer Konflikt** wird deutlich: Soll sie sich von der *Methode* distanzieren, die sie für alternativlos hält, oder die Schuld ihres Bruders akzeptieren?
Mia gerät weiter mit dem Gesetz in Konflikt (S. 47–69)	Weil Mia **Auflagen** des Gerichts ignoriert, wird sie **vorgeladen**. Sie erklärt ihr Verhalten zur **Privatangelegenheit**, was gegen *Methoden*-Prinzipien verstößt. Mia wird verwarnt. Zu Hause erinnert sie sich an **Treffen mit Moritz** im Sperrgebiet jenseits der Stadt. Weil sie dabei raucht, wird ein **Strafprozess** eingeleitet.
Anwalt Rosentreters Strategie schlägt fehl (S. 70–104)	**Pflichtverteidiger Rosentreter** bringt Mia dazu, die verhängte Geldstrafe auf der Basis einer **Härtefallregelung** anzufechten. Vergeblich versucht sie, in den **Alltag** zurückzufinden. Im Fernsehen hetzt Kramer gegen Systemkritiker und greift dabei auch Mia an. Diese denkt an Gespräche mit Moritz über das Wesen des Menschen. Für ihn bedeutete Menschsein, eigene Entscheidungen zu treffen, z. B. auch für einen **Selbstmord**. Vor Gericht **scheitert Rosentreters Strategie**, Mia wird **verurteilt**.

Rosentreter und Kramer treiben das Geschehen voran (S. 105–152)	Rosentreter offenbart sich wegen einer verbotenen Liebesbeziehung als **erbitterter Systemgegner**. Er rät Mia, in die nächste Instanz zu gehen, und will **Moritz' Unschuld** beweisen. Kramer betont ihnen gegenüber die Rechtmäßigkeit der Verurteilung. Mia erzählt beiden von der **geheilten Leukämieerkrankung** des Bruders. Kramer konstruiert in der Zeitung eine Verbindung zwischen **Moritz' Suizid** und der angeblichen **Anschlagsdrohung** von Terroristen. Mia **hinterfragt** ihre bisherige **Systemtreue**. Eine Rückblende zeigt Moritz' Verhaftung in Mias Beisein. Auch Mia wird als **Methodenfeindin** festgenommen.
Die *Methode* erweist sich als fehlbar (S. 153–170)	Vor Gericht gelingt es Rosentreter, **Moritz' Schuld** in **Zweifel** zu ziehen: Dessen DNA war seit seiner Heilung mit der seines Knochenmarkspenders identisch. Mia wird aufgrund einer **Härtefallregelung freigelassen** und stellt öffentlich die Legitimität des Systems infrage. Die Unzufriedenheit im Staat wächst.
Mia als Oppositionelle (S. 171–198)	Gegen Rosentreters Rat **opponiert** Mia gegen die *Methode*. In einem Kramer diktierten **politischen Bekenntnis** fordert sie Selbst- statt Fremdbestimmung und Individualität statt erzwungener Normalität. Wenig später **verhaftet** der Methodenschutz Mia. Ihr **Bekenntnis** erregt **Aufsehen**, ihr Anwalt mahnt aber zur Besonnenheit. Mia glaubt, zur Integrationsfigur der Opposition zu werden, und hat kaum Zweifel an ihrer Freilassung.
Kramers Gegenschlag: Die konstruierte Verschwörung (S. 199–249)	Im Fernsehen kündigt Kramer einen **Vernichtungsfeldzug** gegen die Opposition an. Mia drängt er im Gefängnis vergeblich dazu, ein **falsches Geständnis** zu **unterschreiben**, das sie und Moritz als **Anführer einer Terrorgruppe** ausweist. Kramer lässt das Gerücht streuen, Mias Gruppe habe einen Giftgasangriff geplant, und setzt sie mit **manipulierten Beweismitteln und Zeugen** unter Druck. Die öffentliche Unterstützung für Mia bricht zusammen. Kramer bietet Mia für die Unterschrift unter das Geständnis eine Strafmilderung an. Sie wird **gefoltert, verweigert** aber weiterhin die **Unterschrift**. Brutal entfernt sie aus ihrem Arm den Überwachungs-Mikrochip und erklärt sich für frei.
Verurteilung und Begnadigung (S. 250–264)	Mia wird wegen „methodenfeindlicher Umtriebe" der **Prozess** gemacht. Rosentreter verzichtet auf eine aktive Verteidigung. Die Verhandlung wird mehrfach von **Protesten** gestört. Mia ruft die Anwesenden dazu auf, entweder das System zu stürzen oder zu schweigen. Abschließend verkündet der Richter das bereits **feststehende Urteil**. Die Urteilsvollstreckung wird in letzter Sekunde abgebrochen, da die Regierung Mia begnadigt, um aus ihr keine Märtyrerin zu machen. Stattdessen soll sie umgezogen werden.

2 Ausführlicher Inhaltsüberblick

Das Vorwort (S. 7 f.)

Der Roman beginnt mit einem Auszug aus dem **Vorwort** des (fiktiven) Werks *Gesundheit als Prinzip staatlicher Legitimation*, welches von **Heinrich Kramer**, dem **Sprachrohr und Chefideologen** der *Methode*, verfasst worden ist. Darin definiert er Gesundheit als „Zustand des vollkommenen körperlichen, geistigen und sozialen Wohlbefindens" (S. 7) und darüber hinaus als **Ziel allen staatlichen Handelns**. Die Vollendung des Individuums führe auch zur „Vollkommenheit des gesellschaftlichen Zusammenlebens" (S. 7).

Das Urteil (S. 9 f.)

Das Kapitel enthält das **Urteil** gegen **Mia Holl**, die sich „methodenfeindlicher Umtriebe" (S. 9) schuldig gemacht haben soll und deswegen zum **Scheintod durch Einfrieren** verurteilt wird.

Mitten am Tag, in der Mitte des Jahrhunderts (S. 11–19)

Ort, Zeit und die wichtigsten Personen werden vorgestellt: **Mitte des 21. Jahrhunderts** ist die Luft in Deutschland sauber, die Natur wird nicht länger ausgebeutet und die Strukturen der ehemaligen Industrielandschaft sind beseitigt oder musealisiert worden. In einer der großen und gleichförmigen Städte finden vor **Gericht** gerade **Güteverhandlungen** statt, deren Ziel die gütliche Beilegung eines Rechtsstreits ist. **Richterin Sophie, Staatsanwalt Bell** und **Verteidiger Rosentreter** verhandeln **Verstöße** gegen die strengen staatlichen **Gesundheitsnormen**. Dazu gehört der Fall der offenbar **systemkonformen Biologin Mia Holl**, der die „Vernachlässigung der Meldepflichten" sowie ein „Einbruch im sportlichen Leistungsprofil" (S. 18) zur Last gelegt werden. Die Richterin verzichtet auf eine Verwarnung, setzt jedoch ein **Klärungsgespräch** an.

Pfeffer (S. 20–24)

Schauplatz ist das **Wächterhaus**, in dem Mia Holl lebt. Die Bewohner derartiger Einrichtungen gelten als besonders zuverlässig und dürfen sich selbstständig um die Kontrolle der Hygiene im Haus kümmern. **Kramer** betritt das Haus und erkundigt sich bei Mias Nachbarinnen Lizzie, Driss und der Pollschen nach ihr.

Die ideale Geliebte (S. 25–28)

Mia unterhält sich in ihrer unaufgeräumten Wohnung mit der „**idealen Geliebten**", einem Fantasieprodukt des Bruders Moritz, welches dieser ihr vor seinem Selbstmord vermacht hat. Mia **trauert** um Moritz und erinnert sich an Streitgespräche, in denen er ihr ihre **Fixierung auf die Vernunft** vorgeworfen hat, während er die **Liebe** ins Zentrum seines Denkens und Handelns gestellt hat. Ihr gelingt es nicht, Moritz' Suizid zu begreifen.

Eine hübsche Geste (S. 29–32)

Mia wird von **Kramer** überrascht. Diesem wirft sie vor, mit einer **öffentlichen Kampagne** die **Verurteilung des Bruders** in einem Strafprozess überhaupt erst herbeigeführt zu haben und deshalb dessen Mörder zu sein. Kramer reagiert darauf mit der Andeutung, dass doch Mia die Angelschnur, mit der sich Moritz erhängt hat, ins Gefängnis geschmuggelt habe. Mia wirkt zunehmend **emotional angeschlagen**.

Genetischer Fingerabdruck (S. 33–35)

Eine **Rückblende** informiert über **Moritz' Schicksal**. Weil er eine Frau, mit der er sich treffen will, tot auffindet, verständigt er die Polizei. Später entdeckt man sein Sperma in der offensichtlich vergewaltigten Toten – er wird wegen **Mordes verhaftet**. Trotz eines positiven **DNA-Tests** beteuert Moritz seine **Unschuld**, was zu einem Presseskandal führt.

Keine verstiegenen Ideologien (S. 36–43)

Das Gespräch zwischen Kramer und Mia wird weitererzählt: Er betont den **fortschrittlichen Charakter des Staates**. Ziel sei es, jedem ein möglichst **langes und gesundes Leben** zu garantieren. Das politische System der *Methode* stütze sich auf den Überlebenswillen der Menschen und basiere damit allein auf der Vernunft. Mit Blick auf Moritz hält er fest, dass der **DNA-Test rational nicht infrage gestellt** werden könne. Diese „Unfehlbarkeit" sei ein „Grundpfeiler der METHODE" (S. 37). Demgegenüber behauptet Mia, dass **nichts**, was der Mensch selbst entwickelt habe, **unfehlbar** sei. Sie ist **hin- und hergerissen** zwischen der **Liebe zu ihrem Bruder** und dem **Glauben** an die *Methode*, die sie rational betrachtet für alternativlos hält. Zuletzt versucht Kramer, Mia für ein Interview über die Grundfragen der *Methode* zu gewinnen.

Durch Plexiglas (S. 44–46)

Eine **Rückblende** erzählt von Mias Besuch bei Moritz im **Untersuchungsgefängnis**, wobei er ihr die „ideale Geliebte", sein Fantasieprodukt, übergibt, damit die Schwester ihn nicht vergisst. Im Gegenzug händigt Mia ihm heimlich eine **Angelschnur** aus.

Eine besondere Begabung zum Schmerz (S. 47 f.)

Mia kommt mit ihren Versuchen, die Wohnung aufzuräumen und zu säubern, **nicht aus ihrer Existenzkrise heraus**. Während Kramer aus Mias Sicht ein vernünftiger Mensch ist, bezeichnet ihn die ideale Geliebte als „geschickte[n] Fanatiker" (S. 48).

Bohnendose (S. 50 f.)

Da Mia den **Auflagen der Güteverhandlung** offenbar **nicht nachgekommen** ist, wird sie von Sicherheitswächtern zum

Amtsarzt transportiert, der sich nach eingehender Untersuchung zufrieden über ihren körperlichen Zustand äußert.

Saftpresse (S. 51–54)

Mia ist zu einer **Anhörung** vorgeladen worden, weil sie nicht zum Klärungsgespräch erschienen ist. Richterin Sophie äußert Verständnis für Mia und bietet ihr **Hilfsmaßnahmen** an. Diese lehnt ab, weil sie ihren Schmerz für eine „Privatangelegenheit" (S. 54) hält.

Nicht dafür gemacht, verstanden zu werden (S. 55 f.)

In einer Art Exkurs wird Mias **schlechte psychische Verfassung** veranschaulicht. Sie kann nachts aufgrund der starken seelischen Belastung nicht mehr schlafen.

Privatangelegenheit (S. 57–59)

Das Gespräch mit der Richterin wird weitererzählt: Mia soll erklären, was sie unter einer „Privatangelegenheit" (S. 57) versteht. Für Richterin Sophie gibt es aufgrund des engen Zusammenhangs von persönlichem Wohl und allgemeinem Wohl keine Privatangelegenheiten. Das System der *Methode* beruhe darauf, dass der **Staat dem Individuum gegenüber fürsorgepflichtig** sei, während der **Einzelne verpflichtet** sei, **Notsituationen zu vermeiden**. Mia betont, das System nicht infrage stellen zu wollen, aber Zeit und Ruhe zu benötigen. Die Richterin belässt es bei einer **Verwarnung**.

Fell und Hörner, erster Teil (S. 60–63)

Eine **Rückblende** zeigt Moritz und Mia gemeinsam am Ufer eines Flusses im **verbotenen Sperrgebiet** außerhalb der Stadt. Der lebenslustige Moritz angelt unerlaubterweise an dem Platz, den er als „unsere Kathedrale" (S. 60) bezeichnet. Dabei berichtet er Mia von seinen flüchtigen Damenbekanntschaften, die er über die staatliche *Zentrale Partnerschaftsvermittlung* kennenlernt. Er macht deutlich, dass seine **Auffassung vom „guten Leben" nicht den Vorgaben** der *Methode* entspricht, und will am Ende sogar eine Zigarette rauchen.

Ein inniges Verhältnis: Moritz Holl (S. Grünewald) und Mia Holl (R. Klingenberg) in der Inszenierung (2014) von Lars-Ole Walburg am Staatsschauspiel Hannover

Rauch (S. 64 f.)

Im **Wächterhaus** sitzt die junge Driss, welche Mia verehrt, vor deren Wohnungstür und stellt sich vor, wie sich Kramer und Mia in deren Wohnung näherkommen. Der Tagtraum wird unterbrochen, als sie **Rauch** riecht und deswegen **Alarm** schlägt. Der Rauch kommt aus Mias Wohnung, die auf der Couch liegt und eine Zigarette raucht.

Keine Güteverhandlung (S. 66–69)

Wegen „Missbrauchs toxischer Substanzen" (S. 66) steht Mia vor **Gericht**. Sophie unterstreicht, dass es sich um einen **Strafprozess** handelt, und verlangt von Mia eine Erklärung für ihr Verhalten. Diese erläutert, dass für Moritz Rauchen ein Ausdruck der Freiheit gewesen sei. So habe sie sich dem vermissten Bruder nahefühlen können. Sophie verurteilt Mia wegen ihrer vorangegangenen Ordnungswidrigkeiten zu einer **Geldstrafe** und bestellt ihr für den später **fortzuführenden Strafprozess** einen **Pflichtverteidiger, Herrn Rosentreter**.

Ein netter Junge (S. 70–76)

Rosentreter kennt den Fall von Moritz und weiß, dass der Bruder vom Geheimdienst beobachtet worden ist. Die Verhandlung ihres Falls sei unterbrochen worden, da auch er **methodenschutzrechtlich** bedeutsam geworden sei. Er drängt Mia dazu, die Geldstrafe mit der Begründung anzufechten, dass es sich um einen **Härtefall** handele. Diese zögert erst, da sie sich **nicht gegen das System wenden** will, gibt dann aber seinem Drängen nach.

Wächter (S. 77 f.)

Im **Wächterhaus** entschuldigen sich Driss, die Pollsche und Lizzie bei Mia für die Unannehmlichkeiten, die sie wegen des Brandalarms erleiden musste. Aber sie machen auch deutlich, dass sie wegen Mias Verhalten **nicht den Status als Wächterhaus verlieren wollen**, und bedrängen Mia deswegen.

In der Kommandozentrale (S. 79–82)

In ihrer Wohnung treibt Mia Sport, weil sie die Begegnung mit Rosentreter optimistisch gemacht hat. Ihr Ziel ist es, wieder **ins gewohnte Leben zurückzukehren** und das Andenken an Moritz in ihren Alltag zu integrieren, statt in Trauer zu verharren.

Doch die ideale Geliebte meint, dass Mia sich entscheiden müsse, ob die **Verurteilung** von Moritz **richtig oder falsch** gewesen sei.

Recht auf Krankheit (S. 83–89)

Mia verfolgt die **Talkshow** *Was alle denken*, in der **Kramer** bei **Moderator Würmer** zu Gast ist. Thema ist die Gruppierung **R. A. K.**, laut Kramer ein Netzwerk von **Systemgegnern.** Ihre Forderung nach einem „**Recht auf Krankheit**" basiere auf dem überkommenen Freiheitsverständnis des 20. Jahrhunderts. Im Gegensatz dazu preist Kramer den vom System garantierten Anspruch auf Gesundheit. Dann legt Kramer detailliert dar, wie jemand zum Gegner der *Methode* werden könne, und erklärt **allen Feinden** der *Methode* **öffentlich den Krieg.** Laut der idealen Geliebten spricht er damit Mia an.

Das Ende vom Fisch (S. 90–97)

Mia erinnert sich an einen **Streit mit ihrem Bruder** beim Angeln. Dieser erklärt, dass **Menschsein** für ihn bedeute, sich von den **natürlichen Zwängen** lösen und **eigene Entscheidungen** treffen zu können. Dazu gehöre auch, sich in Gefahr zu bringen. Mia hält dies für heuchlerisch, da er das alles nur tun könne, weil die *Methode* ihm Sicherheit gewähre. Moritz bezeichnet das **Verabsolutieren von Sicherheit bzw. Gesundheit** als **menschenunwürdig.** Mensch sei nur, wer sich über seine körperlichen Bedingungen erheben könne. Mia hält dagegen, dass **alle höheren Ideen** in der Vergangenheit **gescheitert** seien. Sie wertet sein Streben nach Höherem als Ausdruck seines Selbsthasses, den er aber gegen das System richte. Die Geschwister streiten über die **Legitimität des Selbstmords.** Für Moritz gehört der Tod zum Leben. Seine Möglichkeit mache die Entscheidung *für* das Leben wertvoll. Mia dagegen sieht erst in der Abwendung vom Tod eine Chance auf Freiheit. Moritz rechtfertigt seine Sichtweise mit einer **Kindheitserfahrung,** die ihm die eigene

Sterblichkeit vor Augen geführt habe. Ihn hatte damals eine Knochenmarkspende vor dem tödlichen Ausgang seiner Leukämieerkrankung gerettet. Am Ende erzählt er Mia von einem geplanten **Treffen** mit einer **neuen Bekanntschaft namens Sibylle**, die seine Ansichten teile.

Der Hammer (S. 98–104)

Mia muss sich vor **Gericht** für den eingereichten **Anfechtungsantrag rechtfertigen**. Für weiteren Unmut der Richterin Sophie sorgt, dass Rosentreter für seine Mandantin einen „Härtefallantrag" (S. 101) stellt. Dies begründet er damit, dass Mias derzeitiges, gesetzeswidriges Verhalten mit dem **Vorgehen** der *Methode* **gegen ihren Bruder** zusammenhänge. Die Richterin lehnt den Antrag entrüstet ab. Sie verurteilt Mia wegen „Missbrauchs toxischer Substanzen" zu **zwei Jahren Haft auf Bewährung** und kündigt an, den **Methodenschutz** über den **Antrag zu informieren**.

Which side are you on (S. 105–111)

Rosentreter hat Mia nach der Verhandlung nach Hause gebracht. Er schlägt ihr vor, sich an die **nächsthöhere Instanz** zu wenden, wovon Mia nicht überzeugt ist. An seinen leuchtenden Augen erkennt Mia, dass es ihm nicht um sie geht, sondern dass er einen „Feldzug" (S. 110) **gegen den Staat** plant.

Rosentreter (S. Schindegger) und Mia Holl (R. Klingenberg) in der Inszenierung von Lars-Ole Walburg am Staatsschauspiel Hannover (2014)

Unzulässig (S. 112–115)

Rosentreter vertraut Mia sein **Geheimnis** an. Er ist verliebt in eine Frau, die nach den Richtlinien der *Methode* **immunologisch nicht** mit ihm **kompatibel** ist. Derartige Beziehungen sind zwar **streng verboten**, aber er möchte sich zu der Frau bekennen. Als Mia ihm rät, seine Liebe im Geheimen auszuleben, statt das System zu bekämpfen, greift er sie als „verbitterte Rationalistin" (S. 114) an, die nicht wisse, was Glück bedeute. Mia zeigt ihm ein Bild des erhängten Moritz, um zu beweisen, dass sie zumindest das schwerere Unglück erlitten hat. Der erschütterte Rosentreter will versuchen, **Moritz' Unschuld** zu beweisen.

Schnecken (S. 116–125)

Beide werden durch einen **Besuch Kramers** überrascht, vor dem der junge Anwalt Angst hat. Kramer betont im Gespräch, dass Moritz aufgrund **akribischer Faktenrecherche** überführt worden sei, und fordert Mia auf, von ihrem Bruder zu erzählen, was Rosentreter zu unterbinden versucht. Kramer wirft ihm vor, den Fall Moritz Holl für seine Zwecke instrumentalisieren zu wollen. Mia charakterisiert den Bruder als **Naturliebhaber**, der sich von den anderen unverstanden gefühlt habe. Als Kind habe er deswegen Schnecken geliebt, weil diese ihr Haus mit sich trügen. Als sie von der **geheilten Leukämieerkrankung** des Bruders erzählt, wird klar, dass weder Kramer noch Rosentreter davon wussten.

Ambivalenz (S. 126–129)

Alleine in der Wohnung zurückgeblieben **denkt Mia über Kramer nach**. Weil er die Wahrheit entschlossen der Nützlichkeit unterordnet, sieht sie ihn als „Nihilist[en]" (S. 127). Auch sie selbst glaubt nicht an eine objektive Wahrheit, allerdings kann sie sich schwer für eine Position entscheiden. **Ambivalent** ist ihre Haltung Kramer gegenüber, zu dem sie sich einerseits **hingezogen** fühlt, den sie andererseits als „**Schnüffler**" (S. 128) verachtet.

Ohne zu weinen (S. 130–134)

Eine **Rückblende** beschreibt einen **Besuch Moritz' bei Mia**. Er eröffnet ihr, dass er **Sibylle** am vereinbarten Treffpunkt **tot** und halbnackt aufgefunden habe. Am Tatort habe er auf die **Polizei** gewartet. Mias Nachfragen zur anschließenden Befragung durch die Polizei nimmt Moritz als **Misstrauen** ihm gegenüber wahr. Er verlässt gekränkt die Wohnung.

Unser Haus (S. 135–137)

Driss, Lizzie und die Pollsche suchen Mia auf. Driss informiert diese darüber, dass Kramer einen **Artikel in der Methodenzeitschrift** *Der Gesunde Menschenverstand* verfasst hat, in dem Mia vorkommt. Lizzie zitiert aus einem behördlichen Brief, dass Mia vorbestraft sei, was den Status als „Wächterhaus" gefährde. Lizzie und die Pollsche drängen Mia dazu, **auszuziehen**.

Bedrohung verlangt Wachsamkeit (S. 138–140)

Die ideale Geliebte liest Mia **Kramers Kommentar** aus *Der Gesunde Menschenverstand* vor. Er weist auf die **Gefahr durch Widerstandsgruppen** wie die R. A. K. hin, welche mit einem **terroristischen Angriff** – womöglich mit biologischen Waffen – drohe. Kramer konstruiert einen **Zusammenhang** zwischen dem **Selbstmord Moritz Holls**, der zum Idol von Systemgegnern geworden sei, und dieser **Drohung**. Um den toten Moritz als „Gefährder" (S. 140) hinzustellen, missbraucht er **Aussagen Mias** aus ihrem letzten Gespräch.

Die Zaunreiterin (S. 141–146)

Nach Meinung der idealen Geliebten ist der Kommentar eine **Anklageschrift gegen Mia**, was diese erst abstreitet. Die ideale Geliebte fordert sie auf, Position zu beziehen. Sie solle Kramer wegen

Verleumdung anzeigen und öffentlich Stellung beziehen. Sie bezeichnet Mia als Hexe bzw. „Zaunreiterin" (S. 144) **zwischen den Welten** und damit als eine **Außenseiterin**, die sich aber für eine Seite – für oder gegen das System – **entscheiden** müsse. In den Augen der idealen Geliebten versucht Mia im Unterschied zu Moritz, ihr „Anderssein" (S. 146) hinter der Systemtreue zu verbergen. Mia erkennt, dass ihre Gesprächspartnerin einen **zentralen Punkt ihres Wesens** getroffen hat, verhält sich aber im Gespräch weiter abwehrend.

Fell und Hörner, zweiter Teil (S. 147–150)

Eine **Rückblende** schildert ein **Treffen** von Moritz und Mia **nach Sibylles Tod.** Sie versichern sich ihrer Zuneigung und diskutieren **existenzielle Fragen.** Moritz erhebt den Anspruch, über eine „persönliche Wirklichkeit" (S. 149) zu verfügen, und will sich in seiner gedanklichen Freiheit nicht einschränken lassen. Mia wendet ein, dass er sich deswegen der „allgemeinen Wirklichkeit" (S. 149) nicht stelle. Moritz stimmt ihr zu. Ein freier Mensch gleiche einer defekten flackernden Lampe, ständig schalte er zwischen beiden Wirklichkeiten hin und her. Das Gespräch wird durch mehrere **Polizisten** unterbrochen, die Moritz **festnehmen.** Er sei verdächtig, **Sibylle Meiler vergewaltigt und ermordet** zu haben.

Das Recht zu schweigen (S. 151 f.)

Mia sitzt rauchend am Fluss und erinnert sich an Moritz. Dabei wird sie von **Polizisten** gestört, die sie wegen „methodenfeindliche[r] Umtriebe" sowie der „Führung einer methodenfeindlichen Vereinigung" (S. 151) **verhaften.**

Der Härtefall (S. 153–168)

Mia wird der **Prozess** gemacht. Dabei wird ihr eine **Nähe zur Widerstandsgruppe R. A. K.** unterstellt. Rosentreter beantragt eine Aussetzung des Verfahrens und hält an seinem Härtefall-antrag fest. Dem wird nicht stattgegeben, stattdessen unterzieht das Gericht Mia einer „Gesinnungsprüfung" (S. 156). Diese prä-sentiert sich als **Naturwissenschaftlerin**, die die Trennung von Körper und Geist und die **Verabsolutierung des Körperlichen für schlüssig** hält. **Revolutionen** lehnt sie als **unvernünftig** ab und betrachtet sie gleichwohl als naturgegeben. Um sich zu legiti-mieren, müsse der Staat stets das persönliche und das allgemeine Wohl zur Deckung bringen. Die postulierte **Unfehlbarkeit** der *Methode* sei jedoch nach menschlichem Ermessen **unmöglich**. Eine Wendung nimmt der Prozess, als Rosentreter die Erlaubnis erhält, **Ergebnisse aus dem Prozess gegen Moritz** einzubrin-gen. Er legt dar, dass **Moritz' Leukämieerkrankung** mittels **Stammzellentransplantation** geheilt werden konnte, bei der er die **DNA seines Spenders** Walter Hannemann **übernommen** habe. Diesen präsentiert Rosentreter als Mörder Sibylle Meilers. Damit beweist Rosentreter, dass die *Methode* **nicht unfehlbar** ist und der **Härtefallantrag** wegen des Justizirrtums berechtigt ist. Im Gerichtssaal bricht Chaos aus.

Das ist die Mia (S. 169 f.)

Driss, Lizzie und die Pollsche verfolgen die **Berichterstattung** über Mias Prozess im Fernsehen. Diese behauptet in einem Inter-view, immer an Moritz' Unschuld geglaubt zu haben. An der **Legi-timität** der *Methode* habe sie Zweifel.

Der größtmögliche Triumph (S. 171–176)

Rosentreter feiert mit Mia den Sieg. Während der Anwalt die nächsten Schritte in Ruhe planen und so lange die Öffentlichkeit meiden will, ist Mia **aufgewühlt**. Von nun an möchte sie sich in ihrem Handeln **nicht mehr von der Vernunft**, sondern von **der Liebe leiten** lassen. Sie will sich voll und ganz **zu Moritz beken-**

nen. Die *Methode* will sie nun öffentlich als Unrechtssystem kritisieren. Sie ist bereit, dem Widerstand gegen die *Methode* ein Gesicht zu geben. Deswegen ruft sie Kramer an.

Die zweite Kategorie (S. 177–185)

Kramer besucht Mia. Er berichtet, dass sich nach dem Urteil **Methodengegner versammelt** hätten. Ihr Fall habe das **Interesse der Presse** erregt und sogar der bekannte TV-Moderator Würmer habe Kritik am System geübt. Kramer jedoch bekennt sich zur *Methode*. Deren Menschenbild sei dem aller anderen Systeme überlegen, weil es vom Körper ausgehe und die Menschen durch ihre Körper gleich seien. Vernünftig sei die *Methode* in ihrer **Gleichsetzung von Gesundheit und Normalität**. Trotz des Justizirrtums sei die „Fehlerquote" (S. 183) niedriger als diejenige anderer Herrschaftssysteme. Widerstand lehnt er ab, weil damit nur individuelle Egoismen bedient würden. Der Drang, bestehende Verhältnisse zu ändern, habe in der Geschichte sehr viele Opfer gefordert. Mia wirft Kramer ihrerseits vor, sich mit allen Mitteln für die Bewahrung der bestehenden Verhältnisse einzusetzen und sein Selbstverständnis stark an die *Methode* geknüpft zu haben. Mia will Kramer als **Sprachrohr** verwenden und ihm ihre **Botschaft diktieren**.

Wie die Frage lautet (S. 186 f.)

Das Kapitel enthält Mias **politisches Bekenntnis**, das sie Kramer mitschreiben lässt. Sie **rechnet** darin **mit dem System** der *Methode* **ab**, u. a. mit der Gleichsetzung von Gesundheit und Normalität. Das System setze auf Funktionalität, Kontrolle und Fremdbestimmung, statt die Menschen in ihrer Auseinandersetzung mit **existenziellen Problemen** zu unterstützen. Mia pocht demgegenüber auf das Recht auf Privatsphäre, auf den freien Willen des Einzelnen und auf das Recht, eigene Erfahrungen und Fehler machen zu dürfen und überhaupt als Individuum wahrgenommen zu werden.

Vertrauensfrage (S. 188–191)

Kramer ist von Mias Bekenntnis begeistert, weil er hofft, es in seinem Sinne **instrumentalisieren** zu können. Um ihre bedrohte Herrschaft zu stabilisieren, könnte die *Methode* eine Art Vertrauensfrage stellen. Kramer setzt darauf, mithilfe seiner Mitschrift ein im Sinne des Systems positives Ergebnis herbeiführen zu können. Nachdem Kramer gegangen ist, **verlässt** auch die **ideale Geliebte Mia**. Ihr Auftrag sei erfüllt, denn Mia würde sich nun **zu Moritz bekennen**.

Sofakissen (S. 192–194)

Der **Methodenschutz** dringt gewaltsam in Mias Wohnung ein und nimmt die sich heftig Wehrende in **Gewahrsam**.

Freiheitsstatue (S. 195–198)

Rosentreter besucht Mia in der **Isolationshaft**. Offiziell habe man sie wegen Selbstmordgefahr verhaftet. Der eigentliche Grund sei aber die starke öffentliche **Wirkung ihres Bekenntnisses** gewesen. Allerdings versuche auch die Widerstandsgruppe R. A. K. den Fall für ihre Zwecke zu nutzen, wovon sich Mia distanziert. Sie ist sich aber bewusst, dass sie zu einer **Integrationsfigur** für diejenigen geworden ist, die an der *Methode* zweifeln. Rosentreter mahnt ein besonnenes Vorgehen an und verspricht Mia, sie aus der Haft herauszuholen.

Der gesunde Menschenverstand (S. 199–201)

Die gesamte Bevölkerung verfolgt, wie Kramer als **Gast der Sendung** *Was alle denken* die Prinzipien der *Methode* begründet. Auf

Interesse stößt vor allem seine **Kampfansage gegen Methodenfeinde** wie Mia. Während Krankheiten früher mittels Viren über-
tragen worden seien, seien heute „infektiöse Gedanken" (S. 200)
die gefährlichsten Überträger. Das in diesem Sinne derzeit ver-
breitete Virus sei erkannt worden und werde vernichtet werden.

Geruchlos und klar (S. 202–213)

Kramer besucht die ausgehungerte und misshandelte Mia in ihrer
unmöblierten Zelle. Mit manipulativen Fragen versucht er, sie zu
einem Schuldbekenntnis zu bringen. Dann verlangt er von ihr,
ein **vorformuliertes Geständnis** folgenden Inhalts zu unterschreiben: Gemeinsam mit ihrem Bruder Moritz, dem Anführer
der **Widerstandsgruppe** *Die Schnecken*, habe Mia geplant,
mittels eines **konstruierten Justizirrtums** und eines darauffol-
genden Skandals auf einen **Systemumsturz** hinzuarbeiten.
Stammzellenspender Hannemann habe als Mitglied der Widerstandsgruppe Sibylle Meiler ermordet. Moritz sei bereit gewesen,
als **Märtyrer** für den Kampf gegen das System im Gefängnis zu
sterben, wobei Mia ihm geholfen habe. Nach seinem Tod habe
Mia die Führung der Organisation übernommen, zu der auch
Journalist Würmer zähle.

Kramer weist Mia darauf hin, dass Hannemann inzwischen
Selbstmord begangen habe und dass sowohl Mias Übergabe der
Angelschnur als auch Moritz' Rechtfertigung des Selbstmords
dokumentiert seien. Er provoziert Mia durch die Andeutung,
Moritz' Kontaktaufnahme mit Sibylle könne ein Plan der *Methode*
gewesen sein. Als Mia sich **weigert zu unterschreiben**, geht
Kramer, nimmt dabei aber von ihr geleerte Nahrungsmitteltuben
mit.

Würmer (S. 214–219)

Das **Gerücht**, die *Schnecken* hätten unter Mias Führung einen
Giftgasangriff geplant, wird **gestreut**. Der ehemalige Moderator

Würmer bringt Mia als Kronzeuge mit seiner vom System **erzwungenen Falschaussage** in Bedrängnis: Nach dem Tod von Moritz habe sie die Führung der Gruppe übernommen. Er selbst habe sie konspirativ im Sperrgebiet getroffen. Mia gelingt es nicht, ihn zur Rücknahme dieser Aussage zu bewegen.

Keine Liebe der Welt (S. 220–228)

Rosentreter besucht Mia im Gefängnis. Er ist mit der Entwicklung der Lage unzufrieden und gibt ihr die Schuld daran, weil sie sich nicht an seinen Rat gehalten hat. Zunächst informiert er sie darüber, dass ihre **Anträge abschlägig** beschieden worden seien und der **Prozess** gegen sie fortgesetzt werde. Ferner seien in ihrer Wohnung **Nahrungsmitteltuben** mit äußerst **gefährlichen Bakterienkulturen** gefunden worden, mit denen Mia früher beruflich zu tun gehabt habe. Mia wird klar, warum Kramer bei seinem Besuch die Tuben mitgenommen hat. Außerdem seien bei der Hausdurchsuchung auf ihrem Computer die Pläne der Trinkwasserversorgung gefunden worden und dies als weiteres Indiz für den geplanten Anschlag gewertet worden. Seither würde **niemand mehr für ihre Befreiung auf die Straße gehen**. Rosentreter teilt ihr mit, sich von seiner Geliebten getrennt zu haben, weil diese nicht hinnehmen wollte, dass er eine „Terroristin" (S. 227) verteidigt und sich damit in Gefahr bringt. Bevor er geht, übergibt er Mia heimlich eine **lange Nadel**.

Mittelalter (S. 229–236)

Kramer besucht Mia im Gefängnis und macht ihr in Absprache mit der Justiz ein **Angebot**. Wenn sie das besagte **Geständnis unterschreibe**, werde dies eine **Strafmilderung** nach sich ziehen. Als Mia sich weigert, gibt Kramer zu, dass der Fall Moritz Holl tatsächlich zu einem Legitimationsproblem für die *Methode* geführt habe. Alle Widerstandsgruppen könnten sich in Zukunft darauf berufen. Außerdem sei das Immunsystem der Menschen

aufgrund der Gesundheits- und Hygienegebote schlecht ausge-
bildet, sodass es leicht zu Epidemien kommen könne, wenn sich
die Bürger Moritz' Sorglosigkeit zum Vorbild nähmen. Als Mia
immer noch nicht unterschreiben will, droht er ihr ganz unver-
hohlen mit **Folter**.

„Es" regnet (S. 237–241)

Mia ist mit Stromstößen und durch Schlafentzug **gefoltert** worden. Während sie noch von Krämpfen geschüttelt wird, erinnert
sie sich an philosophische **Gespräche mit Moritz**, der als Kind
versuchte, ihr die **Existenz Gottes** zu beweisen. Mias Gedanken
schweifen ab, bis sie endlich Ruhe findet.

Dünne Luft (S. 242–249)

Bei einem erneuten Besuch in Mias Zelle wird Kramer klar, dass
die **Folter ihr Ziel verfehlt** hat. Sie diskutieren darüber, wer von
ihnen beiden ein **Fanatiker** ist. Mia richtet währenddessen die in
die Zelle geschmuggelte Nadel auf sein Auge, was dieser ohne
Angst geschehen lässt. Statt ihn wie geplant umzubringen, entfernt sie mithilfe der Nadel blutig den in ihrem Oberarm **implantierten Mikrochip** und übergibt diesen Kramer. Sie sei nun **frei**,
während er komplett von der *Methode* abhängig sei.

Siehe oben (S. 250–259)

Der **letzte Prozess gegen Mia** erregt große Aufmerksamkeit.
Die Liste der Anklagepunkte ist lang und umfasst unter anderem
das Anführen einer Terrorgruppe, Beihilfe zum Mord, die Ver-
unglimpfung der *Methode*, die Planung eines Attentats und Hoch-
verrat. Die **Staatsanwaltschaft** beantragt die **Höchststrafe**: Mia
soll auf unbestimmte Zeit **eingefroren** werden. Der offensichtlich auf Linie gebrachte Rosentreter verzichtet auf einen Gegen-
antrag, weil die Beweislast gegen Mia erdrückend sei. Kramer cha-

rakterisiert Mia im Zeugenstand als hochgefährliche „Überzeugungstäterin" (S. 255). Die Verhängung der Höchststrafe würde ihrem Wunsch, für ihre Ideen zu sterben, Rechnung tragen. Während des Prozesses werden immer wieder Personen, die sich mit **methodenkritischen Zwischenrufen** äußern, von Sicherheitswächtern **entfernt** – so auch Driss, die mit der Pollschen und Lizzie in den Zeugenstand geholt wird und für Mia Stellung bezieht. Schließlich ergreift Mia aus ihrem Käfig heraus das Wort und ruft die Anwesenden zu **Konsequenz** auf: Entweder sollten sie mit Gewalt das **System umstürzen oder schweigen**. In das folgende Schweigen hinein verkündet der Richter das bereits **feststehende Urteil** (vgl. S. 9 f.).

Zu Ende (S. 260–264)

Die **Urteilsvollstreckung** wird vorbereitet, aber in letzter Sekunde **abgebrochen**, da der Präsident des Methodenrats Mia **begnadigt** hat. Laut Kramer wolle das System aus Mia **keine Märtyrerin** machen. Für Mia werden **Resozialisierungsmaßnahmen** und eine verschärfte Überwachung angeordnet.

Urteilsvollstreckung in vollem Gange: Mia Holl (Rebecca Klingenberg) wird heruntergekühlt (Inszenierung von Sandra Strunz am Freiburger Stadttheater, 2008)

Textanalyse und Interpretation

1 Aufbau, Textstruktur und literarische Form

Äußere Struktur

Äußerlich ist der Roman in **50 Kapitel** eingeteilt. Die Überschriften bestehen in der Regel aus **Wörtern oder Wendungen** der jeweiligen **Kapitel**, lösen beim Leser also anfangs Verwirrung aus, die sich dann beim Lesen aufklärt. Zum Teil wird der Blick des Lesers so auf wichtige Begriffe, Probleme, Ereignisse oder Entwicklungen gelenkt. Oft erhalten Alltagsbegriffe wie „Sofakissen" oder unverfänglich wirkende Wendungen wie „Fell und Hörner" dabei eine **zusätzliche Bedeutungskomponente**.

Innere Struktur: Zeit

Die Handlung wird **nicht linear** erzählt. Das *Vorwort* (S. 7 f.) von Kramers fiktivem Werk, das die Ziele der *Methode* umreißt, lässt sich **zeitlich nicht genau einordnen**. Das folgende Kapitel *Das Urteil* (S. 9 f.) bildet mit dem vorletzten Kapitel *Siehe oben* (S. 250–259) den **Rahmen der Handlung**. Das abschließende Kapitel *Zu Ende* (S. 260–264) reicht **über diesen hinaus**. Innerhalb des Rahmens werden **Mias zunehmende Entfremdung vom Methodenstaat** und die aufeinanderfolgenden **Prozesse** gegen sie erzählt (vgl. S. 11–259). In diese Narration **eingebettet** sind verschiedene **Rückblenden**, in denen Mias Begegnungen mit Moritz geschildert werden. Auf diese Weise erschließen sich dem Leser schrittweise Moritz' und Mias Gedankenwelt, ihre Beziehung zueinander und die Vorgeschichte um den Mord an Sibylle. Die erste dieser Rückblenden (vgl. S. 44–46) zeigt Mias **letzte Begegnung** mit Moritz im Gefängnis, bei der sie ihm die Angelschnur übergibt, mit der er sich später erhängt.

Überblick über die Zeitstruktur

Handlungsgegenwart

Rahmung

- Vorwort (ohne Zeitangabe)
- Urteil gegen Mia
- Güteverhandlung gegen Mia; Gespräch Kramers mit Mia
- Fortsetzung: Gespräch Kramers mit Mia
- Versuch, altes Leben wieder aufzunehmen
- Verwarnung bei richterlicher Anhörung
- Beginn des Strafverfahrens; Verteidigung durch Rosentreter
- Abweisung des Härtefallantrags; Rosentreters Strategie, Moritz' Unschuld zu beweisen
- Artikel Kramers
- 2 Prozesse gegen Mia → Verurteilung
- Begnadigung

Rückblenden

- Mord an Sibylle; Verhandlung gegen Moritz'
- Übergabe Angelschnur an Moritz
- Mia und Moritz am Fluss
- Streit mit Moritz am Fluss
- Moritz bei Mia nach Mord
- Verhaftung Moritz' am Fluss

Seitenzahlen

- 7–8
- 9–10
- 11–32
- 33–35
- 36–43
- 44–46
- 47–59
- 60–63
- 64–89
- 90–97
- 98–129
- 130–134
- 135–146
- 147–150
- 151–259
- 260–264

Handlungsverlauf

Diese Begegnung liegt – vom Beginn der Handlung gerechnet – erst **wenige Wochen** zurück. Die sich anschließende Rückblende (vgl. S. 60–63) reicht mehr als **sechs Monate** zurück, da Moritz das spätere Mordopfer zu dieser Zeit noch nicht kennt. Die folgenden Rückblenden konzentrieren sich auf die Zeit **unmittelbar vor** (vgl. S. 90–97) **bzw. nach Sibylles Tod** (vgl. S. 130–134, S. 147–150). Durch die **Verschachtelung der Justizskandale** um Moritz und Mia werden die **Zusammenhänge zwischen beiden Fällen** verdeutlicht. Die Geschehnisse um Moritz werden aber nicht nur in echten Rückblenden, die im Präteritum geschrieben sind, thematisiert, sondern auch in Dialogen Mias mit Rosentreter, Kramer und der idealen Geliebten. Im Kapitel *Genetischer Fingerabdruck* (S. 33–35) informiert der Erzähler den Leser zusammenhängend über die Vorgeschichte. Der **Fall Moritz Holl** wird so **schrittweise entfaltet** und während des Prozesses gegen Mia **aufgelöst**.

Innere Struktur: Raum

Das Geschehen ist im Wesentlichen auf **drei Orte** konzentriert, denen eine starke **symbolische Wirkung** zukommt. Erstens handelt es sich um das **Gerichtsgebäude**, in dessen Verhandlungssälen die verschiedenen Prozesse stattfinden. Beim ersten Prozess ist Mia noch nicht persönlich anwesend. Nur ihr nackter Körper wird den Juristen auf einer Leinwand präsentiert, ergänzt um physiologische Werte und Leistungskurven (vgl. S. 17 f.). So wird gleich anfangs deutlich, dass die Menschen dem Staat gegenüber „gläsern" sind. Als Ausdruck der vom System intendierten Übereinstimmung zwischen öffentlichem und privatem Interesse teilen sich der Staatsanwalt und der Rechtsanwalt einen Tisch (vgl. S. 13). Im Zuge von Mias zunehmender Verstrickung werden die **Verhandlungssäle** immer **größer**. Dies weist darauf hin, dass sie sich zu einer echten Bedrohung entwickelt. Zuletzt befindet sie sich in einem riesigen und voll besetzten Gerichtssaal, die am

Verfahren Beteiligten nimmt sie nur als „schwarze Puppen" (S. 250) wahr. Diese Formulierung unterstreicht die fehlende Unabhängigkeit der Justiz. Dass die Richter über dem Publikum „thronen" (S. 251), weist die *Methode* als **Obrigkeitsstaat** aus. Dazu passend wird Mia wie ein Raubtier in einem **Käfig** ausgestellt und ständig mit Desinfektionsmitteln besprüht. Die Raumgestaltung verdeutlicht den absoluten **Machtanspruch der Gesundheitsdiktatur**, die Mia dem Publikum als animalische, „unreine" Gefangene präsentiert und sie so ihrer Menschenwürde berauben will. Gleichzeitig betont der Käfig die Außenseiterrolle Mias, die sich so von dem Geschehen distanzieren kann und sich am Ende zu einer rebellischen Rede aufschwingt. Anders als beim ersten Prozess ist sie aber nicht mehr „gläsern", da sie den Chip im Arm entfernt hat. So bleibt die Projektionsfläche am Ende leer (vgl. S. 251) – ein kleiner Sieg Mias.

Dem Gerichtsgebäude lässt sich auch die **Gefängniszelle** zuordnen. Die Enge und Leere der Zelle haben eine **bedrückende, ja zermürbende Wirkung** auf Mia – und zwar in einem solchen Maße, dass sich Mia, die sich sehr nach menschlichem Kontakt sehnt, sogar über einen Besuch Kramers freut (vgl. S. 202).

Ein zweiter wichtiger Schauplatz ist der **Treffpunkt von Moritz und Mia** am Fluss außerhalb der Stadt. Er fungiert als ein **Kontrastraum zum Justizgebäude**. Es handelt sich dabei um eine Lichtung, an der ein Trampelpfad endet. Er liegt im **Sperrgebiet** außerhalb des von der staatlichen Desinfektionsordnung kontrollierten Bereichs. Ein Schild an seiner Grenze verweist darauf, dass das „Verlassen des Hygienegebiets" (S. 90) strafbar ist. Diese Aspekte veranschaulichen, dass das Tun der beiden Geschwister eine **Grenzüberschreitung** darstellt – und diese wird für beide fatale Folgen haben. Der schwärmerische Moritz verklärt die Lichtung als „unsere Kathedrale" (S. 60) und rückt sie damit in die **religiöse Sphäre**. Er behauptet, dass an diesem Ort „gebetet" (S. 60) werde, worunter er unter anderem Angeln, Grillen, den verbotenen Verzehr von verkohlten Fischen, das Abnehmen des Mundschutzes und Rauchen versteht. Darüber hinaus ist die Lichtung für ihn der Ort, an dem er Mia von seinen Sexabenteuern bzw. seinen Gefühlen für Sibylle berichtet, sich mit Mia über existenzielle Fragen austauscht und Kritik an der *Methode* übt. All dies steht im **Kontrast zu den Regeln** und der **Ideologie** der *Methode*. Die „Kathedrale" ist also ein Ort, der für die **Freiheit**, **eigenständiges Denken**, **Lebensfreude**, **Unvollkommenheit** und **Risikobereitschaft** steht.

Überblick über die Raumstruktur

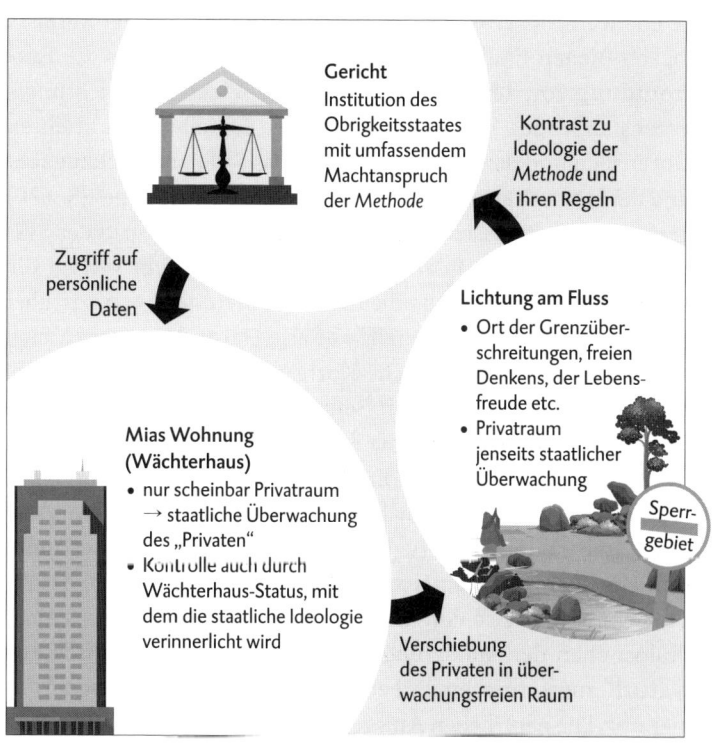

Der dritte wichtige Schauplatz ist **Mias Wohnung im Wächterhaus**. Die Einrichtung solcher Häuser geht auf eine staatliche Initiative zurück. Um Gesundheitskosten einzusparen, werden staatliche Aufgaben wie die „hygienische Prophylaxe" (S. 22) an besonders **zuverlässige Hausgemeinschaften ausgelagert**. Sie erhalten Selbstverwaltungsrechte, worunter vor allem Maßnahmen zum Erhalt der Hygiene zu verstehen sind. Das Wächterhaus steht also für **Systemnähe** und **Verinnerlichung der staatlichen Ideologie**. Dass Mia in diesem Haus ganz oben eine „[t]olle Wohnung" (S. 23) mit Terrasse bewohnt, illustriert ihren beruflichen Erfolg und ihre **Systemkonformität**.

Die künstlichen und parfümierten Blumen auf der Terrasse locken Bienen und Vögel an (vgl. S. 105 u. 144), was die **Entfremdung von der Natur** unterstreicht. Wichtige Einrichtungsgegenstände der Wohnung sind Mias Schreibtisch mit ihren Unterlagen und dem Bild von Moritz, das **Sofa als Rückzugsort** und der **Hometrainer**, der über eine „Fehlstandsanzeige" (S. 120) verfügt, die vermutlich ausgelesen wird und den Zugriff des Systems auf die Privatsphäre unterstreicht. Außerdem verfügt die Wohnung offensichtlich über **Abhöreinrichtungen**, darüber hinaus hat das **System Zugriff auf alle Daten Mias**, wozu auch Telefonate und „elektronische Korrespondenz" (S. 223) zählen. Selbst die Toiletten sind mit Sensoren ausgestattet (vgl. S. 35). Besteck für die Blutentnahme ist ebenso vorhanden wie Becher für Urinproben (vgl. S. 47). Erwähnenswert ist das Bücherregal, weil einige der darin enthaltenen Bücher bzw. deren Autoren Verweischarakter haben (vgl. S. 128). So besitzt Mia unter anderem ein Buch von Jean-Jacques Rousseau (1712–1778), das sie bezeichnenderweise von Moritz erhalten hat. **Rousseau**, einem Philosophen der Aufklärung, wird die Forderung „**Zurück zur Natur!**" zugeschrieben. Er betont die Rolle der Natur bei der Erziehung. Die natürlichen Anlagen eines Kindes sollten die Chance haben, sich ungehindert von soziokulturellen Konventionen zu entfalten, was am besten in der freien Natur gelinge. Die **Parallelen zum Denken und Handeln von Moritz** sind offensichtlich. Außerdem steht George Orwell in Mias Bücherschrank. Man kann vermuten, dass sie *1984* besitzt, den bereits angesprochenen Science-Fiction-Roman, der die Gefahren eines **allgegenwärtigen und brutalen Überwachungsstaates** thematisiert.

Der **ungeputzte und chaotische Zustand** von Mias Wohnung zu Beginn der Handlung ist ein **Spiegel ihres Seelenzustands** (vgl. S. 47). Die Wohnung ist Schauplatz von **Grenzüberschreitungen** Mias wie dem Rauchen einer Zigarette (vgl. S. 64 f.) und dem Trinken von Champagner (vgl. S. 189). Hier trifft sie wichtige Figuren wie Kramer, Rosentreter und Moritz, dessen ideale Geliebte sogar zeitweilig bei ihr lebt. Letztendlich bietet die Wohnung **keinen Schutz vor dem Zugriff** der *Methode*: Am Ende dringt der Methodenschutz in Mias Wohnung ein und überwältigt sie brutal (vgl. S. 192–194).

Innere Struktur: Ähnlichkeit zum Drama

Der Text weist einige Strukturelemente auf, die eigentlich für Dramen typisch sind:

Exposition	Zu Beginn wird das Gesundheitssystem der *Methode* beschrieben und die Teilnehmer am Verfahren gegen Mia werden vorgestellt.
Steigende Handlung	Die anfangs systemaffine Mia gerät immer stärker in Konflikt mit der *Methode* und wird schließlich verhaftet.
Höhepunkt	Im Kapitel *Der Härtefall* weist Mias Anwalt Rosentreter die Fehlbarkeit der scheinbar rationalen *Methode* nach. Mia wird zur Systemkritikerin und muss damit rechnen, von der *Methode* unschädlich gemacht zu werden.
Fallende Handlung	Mia wird als Oppositionelle vom Chefideologen Kramer mit allen Mitteln bekämpft.
Katastrophe	Mia wird zum Scheintod verurteilt, schließlich aber begnadigt.

Allerdings ist der Höhepunkt, der Beweis von Moritz' Unschuld, **kein typischer Wendepunkt** im Sinne einer „klassischen" **Peripetie**, denn sonst müsste hier schon die Handlung umschlagen und auf die Katastrophe zulaufen. Als Leser hegt man hier aber noch die **Hoffnung**, dass **Mia gegen die Methode bestehen** kann – eine Hoffnung, die spätestens dann schwindet, als die öffentliche Unterstützung für Mia zusammenbricht.

Literarische Form

„Corpus Delicti" bedeutet wörtlich „Körper des Verbrechens". Damit meint man ein Mittel, mit dem ein Verbrechen begangen wurde, anders gesagt ein Beweisstück. Der Romantitel und der Untertitel *Ein Prozess* legen es nahe, das Werk als **Justizroman** oder **Justizdrama** einzuordnen. Zudem verweist der Untertitel auf den Entwicklungs- bzw. Entfremdungsprozess Mias.

Das Werk ist zugleich dem Genre der **Science-Fiction-Literatur** zuzuordnen, weil zukünftige wissenschaftliche, gesellschaftliche und politische Entwicklungen thematisiert werden. Im engeren Sinn lässt sich der Roman als **Dystopie** bezeichnen. In dystopischen Werken werden im Gegensatz zu den idealen Gesellschafts- und Staatsordnungen der klassischen Utopien **pessimistische Zukunftsentwürfe** entwickelt. Häufig werden dabei Tendenzen der Gegenwart aufgegriffen und zugespitzt, um vor deren Gefahren zu warnen. Neben dem Roman *1984* von George Orwell sind auch Aldous Huxleys *Schöne neue Welt* sowie die Romantrilogie *Die Tribute von Panem* von Suzanne Collins zu den Dystopien zu rechnen.

2 Figuren

Mia Holl

Im Zentrum der Handlung steht die **34 Jahre alte Mia Holl**, die **kaum soziale Kontakte** hat (vgl. S. 146), **kinderlos** und **ledig** ist. Sie hat die Dienste der *Zentralen Partnerschaftsvermittlung* noch nicht in Anspruch genommen (vgl. S. 19), was auf geringes Interesse an einer Beziehung schließen lässt. Sie lebt in einer teuren Dachgeschosswohnung in einem „**Wächterhaus**".

Mia ist eine „[e]rfolgreiche Biologin mit Idealbiographie" (S. 19). Sie ist in einem Labor tätig, wo sie zumindest in der Vergangenheit an der Entwicklung von **Medikamenten** gearbeitet hat. Zu Beginn der Handlung wird vor Gericht ihre **körperliche und seelische Verfassung gelobt** (vgl. S. 18).

Als Naturwissenschaftlerin sieht sich Mia als eine **Anhängerin der Rationalität**. Ihren Körper betrachtet sie als „Fortbewegungs-, Nahrungsaufnahme- und Kommunikationsapparat, dessen Aufgabe vor allem im reibungslosen Funktionieren besteht" (S. 79). Emotionen sind für sie ein „schlechter Berater", da sie „per definitionem keine Allgemeingültigkeit besitzen" (S. 38). Vor Gericht äußert sie sich wie folgt: „An mir ist alles Vernunft." (S. 160) Diese Haltung, die mit einer **Distanz zu den Mitmenschen** einhergeht, kritisiert ihr jüngerer Bruder.

Mit dem Freigeist und Träumer **Moritz Holl** verbindet Mia zeitlebens ein **enges Verhältnis**. Regelmäßig treffen sie sich verbotenerweise im Sperrgebiet vor der Stadt und diskutieren auch über **existenzielle Fragen**. Während für Moritz das Menschsein darin besteht, sich über die Materie zu erheben und sich höheren Ideen zu verpflichten (vgl. S. 93), bezeichnet Mia Ideen wie **Gott**, die Nation oder die Menschenrechte als „Unsinn" (S. 94). Sie widerspricht ihrem Bruder, der auf dem Recht auf Suizid besteht, und fordert von ihm eine **Hinwendung zum Leben** (vgl. S. 94 f.).

In diesen Gesprächen erweist sich Mia also als **überzeugte An-hängerin** der *Methode*, deren Sinnhaftigkeit sie gegenüber Moritz verteidigt. Noch bei einer Anhörung vor Gericht bezeichnet sie die *Methode* als **einzig legitimes politisches System**, da es dafür sorge, „Wohlbefinden zu erreichen und Schmerz zu vermeiden" (S. 59).

Aus der Bahn geworfen wird Mia durch den **Suizid des Bruders**, den sie durch das Schmuggeln der Angelschnur erst ermöglicht hat (vgl. S. 46). Trotz aller Anstrengungen gelingt es ihr nicht, seine Tat und die Verurteilung, die dazu geführt hat, zu verarbeiten. Ihre **psychische Belastung** geht so weit, dass sie in der Nacht kaum mehr schlafen kann (vgl. S. 55 f.). Als überzeugte Rationalistin dürfte sie aufgrund des Ergebnisses des DNA-Tests, der für die Unfehlbarkeit des Systems steht, eigentlich keine Zweifel an der Schuld von Moritz haben. Ihr **innerer Konflikt** liegt darin, dass sie dies nicht mit ihrem Gefühl gegenüber Moritz übereinbringen kann: „Entweder ich verfluche ein System, zu dessen METHODE es keine vernünftige Alternative gibt. Oder ich verrate die Liebe zu meinem Bruder, an dessen Unschuld ich ebenso fest glaube wie an meine Existenz." (S. 39) Fasst man diesen Konflikt abstrakter, dann befinden sich in Mias Innerem die **Ratio** (die in ihren Augen vernünftige Überzeugtheit von der *Methode*) und das **Gefühl** (Liebe zum Bruder und Glaube an seine Unschuld) in unauflösbarem **Widerstreit**. Nimmt man Mias Aussage hinzu, dass sie „nichts" findet, wenn sie nach Anzeichen ihrer „Persönlichkeit" (S. 48) sucht, dann darf man Mias Verfassung auch als **Identitätskrise** werten.

Ihre **Entfremdung vom System** zeigt sich zunächst darin, dass sie ihre Pflicht zur Gesunderhaltung vernachlässigt und sich der staatlichen Gesundheitskontrolle (vgl. S. 52 f.) entzieht. Außerdem beharrt sie darauf, dass ihr Schmerz eine „**Privatange-legenheit**" (S. 54) sei, was unvereinbar mit der Ideologie der

Methode ist, die alles auch als **öffentliche Angelegenheit** ansieht. Dennoch verteidigt Mia die *Methode* lange vor Gericht (vgl.
S. 59), sie bemüht sich sogar darum, wieder ins alte Leben zu finden (vgl. S. 79 f.). Es ist Rosentreter, der mit seiner Prozessstrategie dazu beiträgt, dass sie nicht wie erhofft in den Alltag zurück-
kehren kann. Schließlich akzeptiert Mia die Einschätzung der
idealen Geliebten, dass sie eine „Hexe", eine „**Zaunreiterin**" ist,
die ihren Platz auf der Grenze zwischen zwei Seiten hat, zwischen
denen sie sich entscheiden muss, um ihr **Außenseitertum** zu
überwinden. Die Deutung, dass Mia Holl eine Hexe ist, hat zudem
einen historischen Hintergrund: Tatsächlich verweist ihr Name
auf eine Frau namens Maria Holl (1549–1634), die auf dem ge-
schichtlichen Höhepunkt der Hexenverfolgung in Nördlingen als
Hexe angeklagt, vielfach gefoltert, letztlich aber freigesprochen
wurde. Auf die Frage, ob Mia bereits vor den Geschehnissen um
Moritz als Außenseiterin und Zaunreiterin verstanden werden
kann, antwortet der Text nicht eindeutig: Einerseits bejaht er sie,
da ihr bisheriges Alltagsverhalten ihr Außenseitertum bestätigt
(vgl. S. 145 f.). Andererseits wird ihre **Position des „Dazwi-
schen"** (S. 144), d. h. zwischen Treue zum System und Infragestellung des Systems, erst danach deutlich.

Die Erklärung für Moritz' **positiven DNA-Test** (vgl. S. 164–
167), die ihn entlastet und die Mias **Zweifel an der Unfehlbarkeit** der *Methode* bestätigt, **beendet** Mias **inneren Konflikt** und
führt dazu, dass sie sich für eine Seite entscheidet – und zwar
gegen die *Methode*. Sie ändert ihre **Einstellung zur Vernunft**
und zum **Staat**. Nun will sie sich zu Moritz „bekennen" (S. 174)
und behauptet, „mit dem Herzen denken" (S. 183) zu können.
Sie weiß, dass sie zur „Galionsfigur" (S. 175) des Widerstandes
gegen die *Methode* werden wird, grenzt sich aber von der gewalt-
bereiten, antiindividualistischen Widerstandsgruppe R. A. K. ab.
Ihren Wandel zur Systemgegnerin zeigt ihr **politisches Bekenntnis** *Wie die Frage lautet* (S. 186 f.). Anstelle eines auf Angst

gegründeten Überwachungsstaates, der Gesundheit mit Normalität gleichsetzt, soll ein Staat treten, der die **Freiheit** und die
Selbstbestimmung aller Bürger garantiert.

In ihrem Kampf gegen die *Methode* begeht Mia den **Fehler**, zu
glauben, den gerissenen **Kramer instrumentalisieren** zu können, wie z. B. die folgende Äußerung zeigt: „Ich [...] benötige Sie
nur als Sprachrohr." (S. 184) Vor allem das treffend mit *Ambivalenz* betitelte Kapitel zeigt, dass Mia Kramer aber nicht nur als
Mittel ansieht, ihre politischen Ziele zu publizieren, sondern dass
sie sich auch stark **zu ihm hingezogen** fühlt. Sie lässt den Gedanken zu, „dass sie ihn lieben könnte" (S. 126), doch weder
wegen seiner Höflichkeit noch wegen seiner Attraktivität, sondern wegen der „Unbedingtheit" (S. 126), mit der dieser seine
Ziele verfolgt, obwohl er ihrer Meinung nach ein „Nihilist" (vgl.
S. 127) ist. Weil sie ebenfalls an unumstößlichen Wahrheiten
zweifelt, glaubt sie fatalerweise, ihm ähnlich zu sein und sich auf
Augenhöhe mit ihm zu befinden.

Sie rechnet nicht mit der **Skrupellosigkeit und Brutalität**
(vgl. z. B. S. 230–232), mit der Kramer seine Hexenjagd auf sie
vorantreibt. Mit äußerster **Entschlossenheit** versucht sie gegen-
zuhalten. Sie ist bereit, als **Märtyrerin** zu sterben – ja womöglich
strebt sie sogar nach dieser Rolle – oder mit der ins Gefängnis
geschmuggelten Nadel Suizid zu begehen (vgl. S. 228), um nicht
zur „Jagdtrophäe" (S. 231) des Systems zu werden. Weil die *Methode* aus ihr keine Märtyrerin machen will, wird sie aber letztlich
begnadigt und zu Umerziehungsmaßnahmen gezwungen. Ihr
Widerstandsversuch ist **gescheitert**.

Insgesamt betrachtet **wandelt** sich Mia Holl also von der **überzeugten Systemanhängerin** zur ebenso **überzeugten Frei-
heitskämpferin**, die zum eigenen Tod bereit ist. Diese Entwicklung beginnt mit ihren Zweifeln an der Schuld des geliebten Bruders, die mit dem, was sie bis dahin unter Vernunft verstanden
hat, nicht vereinbar erscheinen.

Mias Entwicklung von einer Anhängerin des Systems zur Systemgegnerin

---

Systemkonformität

- Überzeugung, dass die *Methode* ein überlegenes System ist
- Grundlage: vermeintliche Rationalität
- Unterdrückung ihrer Emotionen

Innerer Konflikt

- Verstand: Überzeugung, dass DNA-Test (und damit die *Methode*) nicht fehlerhaft sein kann
- „Bauchgefühl": Unschuld des Bruders

Systemgegnerschaft

- Verlust des Vertrauens in die Überlegenheit der *Methode*
- Akzeptanz ihrer Emotionalität
- offener Kampf gegen die *Methode*

Heinrich Kramer

Heinrich Kramer ist Anfang 40, verheiratet und hat zwei Kinder (vgl. S. 177). Er wird als **attraktiver**, **eleganter**, **gut gekleideter Mann** mit **gepflegter, gesunder Erscheinung** beschrieben (vgl. S. 15), der in der Öffentlichkeit stets Handschuhe trägt und die Menschen mit „Santé" (franz. „Gesundheit") begrüßt (vgl. S. 30).

Kramer ist ein bekannter **Journalist**, Autor und Vordenker bzw. **Sprachrohr** der *Methode*. Von ihm stammt das Vorwort des Werkes *Gesundheit als Prinzip staatlicher Legitimation* (vgl. S. 7 f.), in dem er **Gesundheit** als „das **Ziel des natürlichen Lebenswillens** und deshalb natürliches **Ziel von Gesellschaft**, **Recht und Politik**" (S. 7) definiert. Er sieht es als seine Lebensaufgabe an, die *Methode* zu legitimieren. Diese grenzt er von den alten „verstiegenen Ideologien" wie Religion, Demokratie und Marktwirtschaft ab, weil sie anders als diese „allein der Vernunft" (S. 37) gehorche, indem sie am **menschlichen Überlebenswillen** ansetze. Die „Gesetze funktionieren in filigraner Feinabstimmung", das System sei „perfekt" (S. 37), behauptet er zu Beginn der Handlung.

Seine das **System stützenden Botschaften** verkündet er mit rhetorischem Geschick über das **Fernsehen** oder in der **Zeitschrift** *Der Gesunde Menschenverstand.* Diese Kommunikationskanäle nutzt er auch, um **gegen Gegner** der *Methode* zu **hetzen** und gezielt Unwahrheiten zu verbreiten. So lanciert er eine Pressekampagne gegen Moritz (vgl. S. 31) und später auch gegen Mia (vgl. S. 200 f.), um diese in der Öffentlichkeit zu diskreditieren. Generell lehnt er Widerstand als „altmodische[s] Überbleibsel bürgerlicher Aufklärung" (S. 182) ab. Kritikern unterstellt er **Eigennutz** bzw. die mangelnde Fähigkeit, sich im System durchzusetzen. „Fortschrittsdrang" (S. 183) gefährde nur das Funktionieren der *Methode*, die er bis zum Schluss wegen ihrer geringen „Fehlerquote" (S. 183) **allen anderen Systemen** gegenüber für **überlegen** hält.

Seine **Machtstellung** wird daran deutlich, dass er überall Zutritt hat. So zwanglos wie er Mias erste Gerichtsverhandlung besucht, dringt er in ihre Wohnung ein und durchwühlt in ihrer Gegenwart ihre persönlichen Unterlagen (vgl. S. 123). Später verschafft er sich problemlos Zutritt zu ihrer Zelle (vgl. S. 202 f.) und ist auch bei der Urteilsverkündung anwesend.

Mia gegenüber möchte Kramer einerseits den Eindruck eines höflichen, etwas gönnerhaften und rationalen Menschen, der über den Dingen steht, vermitteln: „Meine präzise Logik gegen Ihre aufgewühlten Emotionen. Man könnte fast sagen: Das männliche gegen das weibliche Prinzip." (S. 203) Andererseits verhält er sich ihr gegenüber **völlig skrupellos und zynisch**: Er **manipuliert Beweise**, wenn er Mias Lebensmitteltuben (vgl. S. 210 ff.) mitnimmt, damit sie – mit Bakterienkulturen versetzt – vor Gericht gegen Mia verwendet werden können (vgl. S. 223). Außerdem droht er ihr **Folter** an, um sie zum Unterschreiben des präparierten Geständnisses zu bewegen (vgl. S. 234). In seinem

Denken und Handeln tritt also eine **Diskrepanz von Sein und Schein** zutage. Mia, die sich stark zu ihm hingezogen fühlt, bezeichnet ihn am Ende als „Fanatiker" (S. 244). Darin gleicht er seinem historischen Vorbild, dem Mönch Heinrich Kramer, der mit seiner Schrift *Hexenhammer* zum **Propagandisten der Hexenverfolgung** wurde.

Mia Holl (Linda Riebau) und Heinrich Kramer (Andreas Spaniol) in einer Inszenierung von Bettina Jahnke am Rheinischen Landestheater Neuss (2016)

Kramers **Gewissenlosigkeit** zeigt sich auch, als im Zuge des öffentlichen Aufruhrs, der nach dem Bekanntwerden des Fehlurteils anhebt, der Justizirrtum zum Beweis für die Fehlbarkeit der *Methode* wird. Er **erfindet** die **Widerstandsgruppe** *Die Schnecken* und stellt als deren Kopf Moritz hin, der gemeinsam mit seinem Stammzellenspender Walter Hannemann ein Komplott geschmiedet habe, um die *Methode* zu diskreditieren. Dabei sei Moritz bereit gewesen, zu sterben, um als Justizopfer dazustehen. Nach seinem Tod sei Mia Kopf der methodenfeindlichen *Schnecken* geworden, sodass ihr der Prozess zu machen sei. Kramer schreckt also zum Erhalt der *Methode* nicht davor zurück, für die Öffentlichkeit und für das Gericht eine **nie existente Bedrohung zu konstruieren.**

Kramer wird zwar als „Vertreter der **vierten Gewalt**" (S. 16) eingeführt. Diese Bezeichnung hat sich für eine freie Presse eingebürgert, der die Aufgabe zukommt, die drei staatlichen Gewalten zu kontrollieren. Tatsächlich aber ist er **kein Vertreter** eines **kritischen und unabhängigen Journalismus,** sondern als **Strippenzieher im System** der *Methode* und als rhetorisch begabter **Manipulator** der **Gegenspieler Mias.** Es gelingt ihm, durch seine äußere Erscheinung, sein Auftreten und seine auf den ersten Blick logischen Schlussfolgerungen ihr Vertrauen zu gewinnen. In ihren Gesprächen sammelt er Informationen, die er nutzt, um sie auszuschalten. Hinter der äußeren **Fassade eines Gentlemans** steckt letztlich ein **intoleranter Fanatiker.**

Moritz Holl

Moritz Holl ist Mias jüngerer Bruder. Im Alter von 27 Jahren begeht der Student Selbstmord. Als **Sechsjähriger** war er an **Leukämie** erkrankt. Diese schwere Krankheit hat er nur wegen einer Knochenmarkspende überlebt. Der passende Spender konnte aufgrund der umfassenden Gesundheitsdatenbank der *Methode* gefunden werden (vgl. S. 95).

Der **ledige junge Mann** pflegt **unverbindliche Frauenbekanntschaften**, die er über die Datenbank der *Zentralen Partnerschaftsvermittlung* kontaktiert. Zum Ärger seiner Schwester, der er detailliert von seinen Sexualpraktiken mit diversen „Blind Dates" berichtet, geht es ihm dabei lange nur um das **Ausleben seines Geschlechtstriebs** (vgl. S. 61). Ausgerechnet in seine letzte Bekanntschaft Sibylle, die ihm später zum Verhängnis wird, **verliebt** er sich beim intensiven schriftlichen Austausch, weil er glaubt, in ihr eine **Gleichgesinnte** entdeckt zu haben, die ebenso unabhängig denkt wie er (vgl. S. 96 f.).

Moritz ist ein **Naturliebhaber**. Als Kind sammelt er Schnecken, denen er Bewunderung entgegenbringt, weil sie ihr Haus immer mit sich tragen – ein frühes Zeichen seiner **Freiheitsliebe** (vgl. S. 123 f.). Mit Mia, die er ungeachtet aller Streitigkeiten sehr liebt (vgl. S. 124), trifft er sich an einem geheimen Ort im Sperrgebiet. Diese Stelle an einem Flussufer bezeichnet er pathetisch als „unsere Kathedrale" (S. 60), was zeigt, wie er die **Natur** und die **Beziehung zu Mia überhöht**. Dort angelt er verbotenerweise, grillt und verzehrt den Fang, ohne sich an die Hygieneregeln zu halten (vgl. S. 90 f.), kurz gesagt: er lebt seinen **Freiheitsdrang** aus.

Mit seiner Schwester führt er bei ihren Treffen **philosophische Diskussionen**. Einigkeit besteht hinsichtlich ihres **Geschichtsbildes**: Die „naturwissenschaftliche Erkenntnis" hätte „das göttliche Weltbild" (S. 26) verdrängt, den Menschen aber dann mit seinen Fragen alleingelassen (vgl. S. 26 f.). Er wirft Mia aber vor, anders als er selbst aufgrund ihrer naturwissenschaftlichen Denkweise **gefühllos** und **liebesunfähig** zu sein: „Deine Freunde und Feinde siehst du nur unter dem Elektronenmikroskop." (S. 27)

Auch wegen seiner **Sterblichkeitserfahrung** (vgl. S. 95) vertritt der **Idealist** Moritz die These, dass Menschsein darin besteht, „sein Dasein [zu] *erfahren*" (S. 92), über das rein Körperliche hinauszuwachsen und an Ideen zu glauben, ja dass der Mensch sogar die Freiheit habe, sich selbst Schaden zuzufügen: „Im Gegensatz zum Tier kann ich mich über die Zwänge der Natur erheben. Ich kann Sex haben, ohne mich vermehren zu wollen. [...] Ich kann den Überlebenstrieb ignorieren [...], allein um des Reizes der Herausforderung willen" (S. 92). Das Leben bezeichnet er als „Angebot, das man auch ablehnen kann" (S. 46). Diese Sichtweise steht ihm Gegensatz zum **Menschenbild** der *Methode*, nach dem **Erhalt und Verbesserung der Gesundheit** die **höchsten Werte** sind. Der Reduktion des Menschen aufs Körperliche durch die *Methode* hält Moritz ein umfassenderes Bild vom Menschen entgegen, das **emotional-geistige Aspekte** wie die freie **Entfaltung des Selbst**, die **Empfindung von Lust** oder auch die **Erfahrung von Liebe** umfasst.

Der **Individualist und Freigeist** Moritz unterläuft die Überwachung durch das System. So bewegt er sich sehr gerne in der Natur und er raucht, obwohl dies streng verboten ist. Zudem beharrt er auf der Existenz einer **persönlichen Wirklichkeit** unabhängig von der Propaganda der *Methode*. Seiner Meinung nach gleicht der freie Mensch, der sich sein eigenes Bild von der Realität zu machen versucht, im totalitären System einer flackernden Lampe, die stets zwischen der persönlichen Erfahrung der Wirklichkeit und den Vorgaben des Systems changieren muss (vgl. S. 149 f.).

Womöglich aufgrund einer **Intrige** (vgl. S. 211) gerät Moritz in die Fänge der Justiz, nachdem er Sibylle bei ihrem ersten Treffen ermordet auffindet. Obwohl er die Polizei informiert (vgl. S. 132 f.), gerät er wegen des im Körper der Toten gefundenen Spermas selbst unter Verdacht. Sein Fall erregt auch deswegen **großes Aufsehen**, weil er trotz scheinbar eindeutiger Beweislage und trotz einer von Kramer inszenierten Kampagne nicht gesteht, was eine Zumutung für das System darstellt (vgl. S. 34). Moritz, stets auf **Selbstbestimmung** bedacht, wählt als Ausweg den **Suizid**, wobei ihm Mia hilft (vgl. S. 46). Bei ihrem letzten Treffen übergibt er Mia sein Fantasieprodukt namens „die ideale Geliebte", die fortan Mia gegenüber seine Position vertritt und diese anstachelt, zu dem Verstorbenen zu stehen (vgl. S. 82). **Sein Tod** löst Mias inneren Konflikt aus und er bleibt so für seine Schwester **über seinen Tod hinaus** von **großer Bedeutung**.

Moritz, der „Träumer", „Freidenker" oder laut Mia „Spinner" (S. 33), **lehnt** die **Ideologie** und die **Regeln** der *Methode* **ab** und provoziert das System mit seinem **unangepassten Verhalten**. Sein Selbstmord lässt Mia den **Glauben an das System verlieren** und zur **Widerständlerin** werden.

Die ideale Geliebte

Die ideale Geliebte ist ein **Fantasieprodukt** von Moritz, der sie sich ausgedacht hat, um die **Einsamkeit** im Gefängnis zu lindern. Kurz vor seinem Tod übergibt er Mia diese **eigenartige Figur** und behauptet, sie werde Mia zu ihm zurückführen (vgl. S. 44 f.). Die ideale Geliebte wird als attraktiv bezeichnet, aber ihr Äußeres bleibt trotz einiger rätselhafter Beschreibungen wie „gekleidet in ihr eigenes Haar" (S. 25) unbestimmt. Nur Mia kann das „Hirngespinst" (S. 46), das sich am Ende als Sofakissen herausstellt (vgl. S. 192), wahrnehmen. Die Protagonistin spricht teilweise auch in Anwesenheit anderer mit der idealen Geliebten, was bei diesen gelegentlich den Eindruck erweckt, dass Mia sich **merkwürdig** verhält.

Das Wesen agiert unter anderem als **stille Zuhörerin** (vgl. S. 25–27) sowie als **Stütze und Trösterin** (vgl. S. 28). Zudem repräsentiert sie die **Sicht von Moritz** und fordert Mia auf, sich zu dem toten Bruder zu bekennen und gegen das System vorzugehen (vgl. S. 142 f.). Die ideale Geliebte warnt Mia mehrfach vor der Kooperation mit Kramer, den sie als „Arschloch" (S. 31) und „Monster" (S. 122) bezeichnet.

Die ideale Geliebte legt aber auch eine **unterdrückte Seite von Mia** offen. Sie wirft Mia **Überanpassung** und **Feigheit** vor und behauptet, deren „ganzes Rationalisieren" ziele nur darauf ab, „ein Leben lang mit den Achseln zucken zu dürfen" (S. 142). Schließlich bringt sie Mia zu der Einsicht, dass deren Systemtreue nur äußerlich ist und sie mehr mit dem rebellischen Moritz gemeinsam hat, als sie sich eingestehen will. Folglich verschwindet die ideale Geliebte, als ihr Auftrag erfüllt ist (vgl. S. 189 f.), d. h. als Mia sich **zu Moritz bekennt** und sich **gegen das System wendet**. Vor ihrem Verschwinden warnt sie Mia allerdings noch davor, als „Märtyrerin" zu enden.

Im Roman werden zwar immer wieder kleinere Signale dafür eingestreut, dass die ideale Geliebte doch real ist. So trinkt sie aus der Champagnerflasche und stellt sie so hin, dass Rosentreter ins Leere greift. Diese Stellen darf der Leser jedoch eher als **erzählerische Ironie** werten denn als Zeichen für eine materielle Existenz der idealen Geliebten – zumal sie „mit Materie wenig gemeinsam" (S. 26) hat.

Insgesamt kann man die ideale Geliebte als nach außen projizierte **innere Stimme** Mias verstehen. Sie fungiert als **Zusatzgewissen** und als **Repräsentantin des toten Bruders** sowie seiner Ansichten. Aus psychoanalytischer Sicht könnte man sie auch als **verdrängten Anteil von Mias Ich** deuten – insbesondere, wenn man sich vergegenwärtigt, dass sie für deren **rebellische Seite** steht, die sie erst mit ihrer Wendung gegen das System akzeptiert.

Mia Holl (Linda Riebau), Die ideale Geliebte (Johanna Freyja Iacono-Sembritzki) und Heinrich Kramer (Andreas Spaniol) in einer Inszenierung von Bettina Jahnke am Rheinischen Landestheater Neuss (2016)

Lutz Rosentreter

Lutz Rosentreter ist **Jurist** und **Strafverteidiger** bzw. „Vertreter des privaten Interesses" (S. 69), wie es im Jargon der *Methode* heißt. Als Mia sich in einem Strafprozess verantworten muss, wird er als ihr Pflichtverteidiger bestellt (vgl. S. 69). Er ist **jung**, **groß** und wirkt **nett**, aber **nervös** und **ungeschickt** (vgl. S. 70). Außerdem führt er eine nach den Regeln der *Methode* **nicht statthafte Beziehung**. Denn er ist verliebt in eine Frau, deren genetischer „Haupthistokompatibilitätskomplex" (S. 112) nach den Regeln der *Methode* nicht mit dem seinigen vereinbar ist. Daher führt er eine „Distanzbeziehung ohne Beziehung" (S. 112), weil er eine heimliche Affäre mit der Geliebten ablehnt. Sein **persönliches Schicksal** macht ihn so zum **Gegner** der *Methode*. Mias Fall begreift er als Chance, das **System zu bekämpfen** (vgl. S. 115). So erklärt sich auch Mias späterer Vorwurf, er habe sie als „Marionette" (S. 197) missbrauchen wollen.

Mia nimmt den Anwalt anfangs nicht ernst und hegt **Zweifel an seiner Professionalität**. Nur aufgrund ihrer tiefen Verzweiflung vertraut sie sich ihm an und lernt seine **entschlossene Seite** kennen (vgl. S. 72 f.). Während Mia klein beigeben will und die verhängte Geldstrafe zahlen will, plädiert Rosentreter für eine **Anfechtung des Urteils** und stellt den später zurückgewiesenen **Härtefallantrag**, weil ihr Bruder der „Implementierung der Methode" (S. 102) zum Opfer gefallen sei. Mit seinem Vorgehen verschärft er Mias **Konflikt** mit dem politischen System und trägt so zu dessen **Eskalation** bei.

Rosentreter entwickelt von Anfang an ein juristisches Gespür für die Problematik von Moritz' Fall und ihm gelingt es aufgrund akribischer Recherche, **Zweifel an der Schuld von Moritz** zu säen und diese Ergebnisse als „verfahrensrelevantes Material" (S. 161) in den Prozess gegen Mia einzubringen. Dabei lässt er sich auch von Kramer, vor dem er – vermutlich wegen seiner unzulässigen Beziehung – Angst hat, nicht einschüchtern (vgl. S. 166 f.).

Sein **Verhältnis zu Mia verschlechtert** sich **nach dem Erfolg vor Gericht**. Als er ihr dazu rät, die Öffentlichkeit zu meiden (vgl. S. 172 f.), jagt sie ihn aus der Wohnung, um stattdessen Kramer ihr verhängnisvolles Manifest zu diktieren. Nach Mias Verhaftung versichert er zwar zuerst, sie zu unterstützen, und reicht eine Klage beim „Höchsten Methodengericht" (S. 196) ein, die jedoch abgelehnt wird. Später aber beginnt er sie zu **hassen**, weil sie ihn nicht mehr richtig beachtet und seiner Ansicht nach die **falschen Schritte** ergriffen hat (vgl. S. 220). Wohl auch wegen Mias aussichtslos erscheinender Lage würde er sein Mandat gerne niederlegen (vgl. S. 225). Dazu kommt, dass seine Geliebte ihre **verbotene Liebesbeziehung beendet**, weil sie ihm vorwirft, aus „Karrieregeilheit" (S. 226) eine „Terroristin" (S. 227) zu verteidigen. Dennoch kommt er Mias Aufforderung nach, ihr eine Nadel ins Gefängnis zu schmuggeln (vgl. S. 228) – insofern darf der Leser davon ausgehen, dass er auch noch eine **gewisse Nähe** zu ihr verspürt.

Im letzten Prozess ist er aus Mias Sicht zu einer der „schwarze[n] Puppe[n]" (S. 253) geworden, hat also die Seiten gewechselt. Er **verzichtet** auf eine **Verteidigung**, weil die Beweislast erdrückend sei und er sich nicht durch die „Verteidigung eines Gefährders zum Methodenfeind machen" (S. 253) wolle. Dennoch richtet er ein **Gnadengesuch** an die Regierung, dem in letzter Sekunde stattgegeben wird (vgl. S. 263).

Der tapsig wirkende Rosentreter treibt die Handlung voran. Mit seiner **forschen Prozessstrategie** sorgt er anfangs für das Eskalieren der Situation Mias, die ansonsten womöglich in ihren Alltagstrott zurückgefunden hätte. Indem er Moritz' Schuld anzweifelt, hilft er ihr bei der **Lösung ihres inneren Konflikts**. Weil sich Mia nach dem Erfolg vor Gericht nicht mehr von ihm steuern lässt, geht er auf **Distanz** zu ihr.

Sophie

Sophie ist eine **Richterin**, die mehrere Verhandlungen gegen Mia leitet. Außerdem war sie als „Berichterstatterin" (S. 52) im Fall Moritz Holl tätig. Sie ist **hübsch**, von **jugendlicher Erscheinung** und stets **optimistisch**. Gute Laune ist eine „Angewohnheit" (S. 51) von ihr. In ihrer Berufskleidung fühlt sie sich unwohl und weil sie zu klein für den Richterstuhl ist, erhöht sie den Sitz mit Gesetzestexten (vgl. S. 66). Auch dass sie den Richterhammer als „Anachronismus verabscheut" (S. 98), zeigt ihr Streben nach **unkonventionellem Verhalten** und ihr **wenig statusorientiertes Wesen**.

Die **idealistische** Sophie ist davon überzeugt, als Richterin einen sinnvollen Beruf auszuüben. Sie ist von der **Richtigkeit** der **Gesundheitsgesetze überzeugt** und stets um Korrektheit bemüht. Dabei fühlt sie sich von den Menschen anerkannt (vgl. S. 51). Selbst Moritz sagt: „Die Blonde ist eine Gute [...]." (S. 53)

Ihre Verhandlungsführung wirkt lange kompetent (vgl. S. 18). Mia bringt sie gerade anfangs **viel Verständnis** entgegen, weil sie im Vertrauen auf ihre Menschenkenntnis glaubt, dass diese sich einsichtig zeigen werde (vgl. S. 51). So wählt sie in den ersten beiden Verhandlungen jeweils eine **maßvollere juristische Option** (vgl. S. 19, 59). Dass Mia ihre Trauer privat aufarbeiten möchte, irritiert die Richterin (vgl. S. 58), die fest vom System der *Methode* überzeugt ist, weil diese den Menschen die Angst vor Krankheit, Schmerz und Tod genommen habe. Daher ist sie der Auffassung, dass die Menschen die Aufgabe haben, Not zu vermeiden (vgl. S. 58). Dementsprechend verärgert reagiert Sophie, als Mia wegen Rauchens erneut vor Gericht steht: „Wollen Sie mich verarschen?" (S. 66) Dennoch verhängt sie noch ein **mildes Urteil**. Der **Anfechtungs- und der Härtefallantrag** lassen die Richterin dann jedoch die Geduld verlieren. Sie ist von Mia **enttäuscht**, der sie mit ihren Maßnahmen mehrfach entgegengekommen ist (vgl. S. 98–104). Trotzdem finden sich weiterhin

Anzeichen für eine der Angeklagten gegenüber **gnädige Haltung:** Bei der Gesinnungsprüfung Mias deutet sie deren Aussagen im Unterschied zu Bell als **systemkonform** (vgl. S. 159).

Ihr „berufliches Todesurteil" (S. 162) unterschreibt sie, als sie zulässt, dass Rosentreter **Material aus dem Verfahren gegen Moritz** in Mias Prozess einbringt. Diese Entscheidung hat verschiedene Gründe: Erstens ist sie „juristisch korrekt" (S. 162), zweitens tut ihr der Anwalt leid und drittens unterschätzt sie diesen und kann die Folgen, die sein Antrag hat, nicht abschätzen (vgl. S. 162 f.). Ihre **Menschenkenntnis**, von der sie so überzeugt ist, **trügt** sie also ein zweites Mal. Im Tumult, der nach Rosentreters Enthüllungen ausbricht, gelingt es ihr nicht, die Ruhe wiederherzustellen. Stattdessen bleibt sie weinend, mit aufgelöstem Zopf zurück (vgl. S. 168), ein **Zeichen ihres Scheiterns**. Wegen angeblicher „Befangenheit" (S. 214) wird sie **aus dem Verfahren entfernt** und in die Provinz versetzt.

Der Name der Richterin leitet sich vom griechischen Wort für **Weisheit** ab. Trotzdem unterliegt die fähige und eher **menschenfreundliche**, wenn auch **systemtreue Juristin** einigen **Fehleinschätzungen**, die ihre Karriere negativ beeinflussen.

Staatsanwalt Bell

Bell ist **Staatsanwalt** und tritt als **Vertreter des öffentlichen Interesses** (vgl. S. 12) in den Prozessen gegen Mia auf. Als solcher nennt er Anklagepunkte, Indizien und Beweise und fordert Sanktionen. Das Auftreten Bells ist von **Überheblichkeit** geprägt (vgl. S. 153). Im Vergleich zu seiner ehemaligen Kommilitonin, der Richterin, die schon als Studentin nicht viel von seiner Besserwisserei gehalten hat (vgl. S. 12 f., 103), fordert er immer wieder ein **scharfes Vorgehen** gegen die Angeklagte. Sein Name spielt auf das Hundebellen an, wodurch seine **aggressive Haltung** unterstrichen wird. Bei der Gesinnungsprüfung Mias (vgl.

S. 158–161) versucht er immer wieder, ihre Aussagen als Ausdruck einer methodenfeindlichen Einstellung einzuordnen, während Richterin Sophie deeskalierend wirkt. Die Ausführungen Rosentreters zum Justizirrtum im Falle Moritz Holls versucht er lächerlich zu machen und so zu unterbinden (vgl. S. 164 f.). Am Ende überbringt Bell die Begnadigung Mias, ohne den Kontext recht zu verstehen (vgl. S. 262).

Als **unkritischer Methodenanhänger** glaubt Bell auf der richtigen Seite zu stehen. Entsprechend **hart** und **ohne Empathie** geht er mit der Angeklagten um.

Weitere Nebenfiguren

Zu den weniger wichtigen Nebenfiguren gehört der sechzigjährige, erfahrene **Richter Dr. Ernest Hutschneider**. Er ist verheiratet und hat zwei gleichfalls erfolgreiche Kinder (vgl. S. 214). Nach Sophies Zwangsversetzung übernimmt er den **Vorsitz im Prozess gegen Mia**. Er hätte allerdings lieber sein „beschauliches Leben" (S. 214) weitergeführt, da ihm die öffentliche Aufmerksamkeit und die notwendigen Sicherheitsmaßnahmen nicht geheuer sind und er Mia zudem für eine „tickende Zeitbombe" (S. 215) hält. Weil er sich im Fall Mia überfordert fühlt, verlässt er sich auf „Experten" (S. 215), wohl **Mitarbeiter des Methodenschutzes**. Im Sinne des Systems führt er den Prozess gegen Mia, ohne etwa beim farceartigen Auftritt des Kronzeugen Würmer Nachfragen zu stellen (vgl. S. 227–229). Mit einiger Mühe steht er den Verhandlungen vor und verkündet dann das bereits feststehende Urteil (vgl. S. 258 f.).

Die drei Damen **Lizzie, Pollsche und Driss** sind Mias Nachbarinnen. Uniform in weiße Kittel gekleidet treffen sie sich im Treppenhaus, um Klatsch auszutauschen (vgl. S. 20 f.). Alle drei sind **unreflektierte Anhängerinnen** der *Methode*. Doch während die Pollsche und Lizzie Mia misstrauen, verehrt die jüngere Driss sie und träumt von einer Affäre zwischen dieser und

Kramer. Driss bringt die Nachbarin Mia jedoch wegen ihres Feuer-alarms in Schwierigkeiten (vgl. S. 64 f.). Nachher bieten alle drei Damen Mia Hilfe an, aber die Pollsche und Lizzie machen sehr deutlich, dass sie den Status als Wächterhaus nicht verlieren wol-len und sich als **verlängerten Arm** der **staatlichen Überwa-chung** sehen (vgl. S. 77 f.). Nachdem Mia als vorbestraft gilt und Kramer in der Presse gegen sie hetzt, fordern die Pollsche und Lizzie sie auf, aus dem Haus zu „verschwinden" (S. 137). Doch **Driss** stellt sich erneut auf **Mias Seite**. Das gleiche Bild zeigt sich beim abschließenden Prozess gegen Mia. Während die Pollsche und Lizzie im Sinne der *Methode* aussagen, steht Driss zu Mia, ohne die Hintergründe des Prozesses genau zu verstehen. Weil sie behauptet, Mia sei ein „guter Terrorist" (vgl. S. 256), wird sie schließlich **abgeführt**.

Würmer ist ein aufstrebender junger Journalist, der eine popu-läre Fernsehshow namens *Was alle denken* moderiert. Der Titel verweist auf den **Konformismus im Methodenstaat**. Sein größ-tes Vorbild ist Heinrich Kramer. Als dieser zu Gast in seiner Sen-dung ist, um gegen Methodenfeinde zu agitieren, wirkt Würmer sehr nervös (vgl. S. 83), unterstützt Kramer ohne Vorbehalt und schmeichelt ihm (vgl. S. 87). Nach Mias politischem Bekenntnis und ihrer folgenden Gefangennahme wagt Würmer öffentliche Kritik am System (vgl. S. 196). Deswegen wird er als Moderator abgesetzt und von der *Methode* **unter Druck gesetzt**, Mia als **Kronzeuge** mit einer **Falschaussage** zu belasten. Dabei behaup-tet er, diese unter einem Decknamen mehrfach konspirativ ge-troffen zu haben (vgl. S. 216–219).

Figurenkonstellation

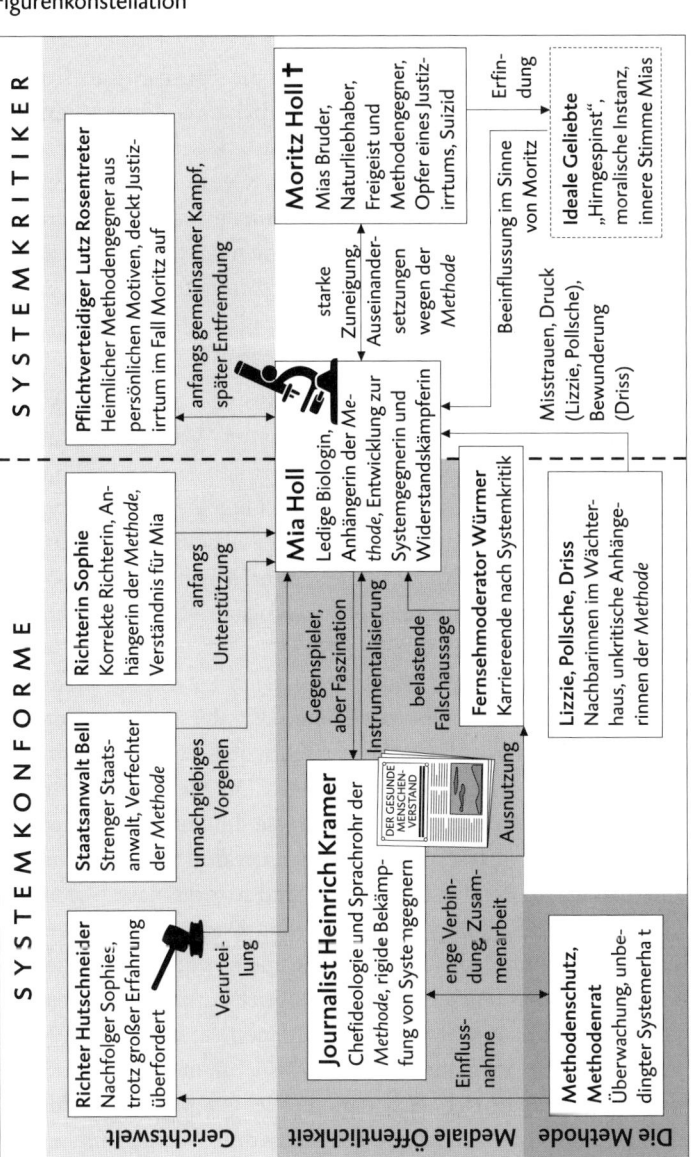

3 Thematische Schwerpunkte

In ihrem dystopischen Roman greift die Autorin Zeh **individuelle, sozioökonomische** und **politische Tendenzen** der Gegenwart auf und spitzt diese so zu, dass sie für uns in ihrer **problematischen Dimension** erkennbar werden. Viele Elemente der Gesundheitsgesetzgebung der *Methode* und ihrer Kontrollmaßnahmen lassen sich als Extremformen oder Zerrbilder heutiger Entwicklungen deuten. Was ist die *Methode* also für ein Staat?

Der Methodenstaat als „Wohlfühldiktatur"?

Die **Aufrechterhaltung und Steigerung** der eigenen **Gesundheit** stellt im Methodenstaat den **höchsten Wert** für den Einzelnen, aber auch für Politik und Gesellschaft dar. So definiert es Heinrich Kramer: „Gesundheit führt über die Vollendung des Einzelnen zur Vollkommenheit des gesellschaftlichen Zusammenseins. Gesundheit ist das Ziel des natürlichen Lebenswillens und deshalb natürliches Ziel von Gesellschaft, Recht und Politik." (S. 7 f.)

Auf den ersten Blick erscheinen diese Sätze unproblematisch. Auch in unserer Gesellschaft haben sich der Staat und etliche Organisationen der Aufgabe verschrieben, den Gesundheitszustand der Bevölkerung zu verbessern. Die *Methode* scheint nur einen Schritt weiterzugehen, indem sie den zu allen Zeiten geschätzten Wert der Gesundheit zum **zentralen Staatsziel** macht. Ihre Erfolge im Bereich Gesundheit sind so groß, dass „Krankheit ein historisches Phänomen" (S. 85) ist. Dank der umfassenden Datenbank der *Methode* gelingt es auch, einen Stammzellenspender für den leukämiekranken Moritz zu finden. Abgesehen von Moritz, Mia und Rosentreter scheinen die **wenigsten Figuren** unter den staatlichen Zwangsmaßnahmen zu **leiden**. So ist die eher sympathisch gezeichnete Richterin Sophie von den Gesundheitsgesetzen überzeugt. Mias drei Nachbarinnen sind darauf stolz, in einem Wächterhaus zu leben, und mahnen bei Mia korrektes Verhalten an (vgl. S. 78 f.). Wenn Chefideologe Kramer im Fernsehen auftritt, sind „die Straßen leergefegt […] wie vor einem halben Jahrhundert während des Endspiels einer Fußballweltmeisterschaft" (S. 200). Das System setzt das um, was den meisten vernünftig erscheint. Die Regierung versucht dabei den Eindruck zu zerstreuen, bei der *Methode* handle es sich um einen Unrechtsstaat. So hat man die **Todesstrafe abgeschafft**, weil diese unvereinbar ist mit einem System, in dem die Gesundheit das höchste Gut darstellt, und sie durch das Einfrieren ersetzt (vgl. S. 231). Außerdem wird Wert darauf gelegt, dass Verbrecher zur **Einsicht** kommen und ihre Straftat auch gestehen (vgl. S. 34). Der aus der Bahn geratenen Mia werden Hilfsangebote gemacht. Festzuhalten ist, dass sich die *Methode* den **Anschein** eines **vernünftigen und fürsorglichen Staates** zu geben vermag.

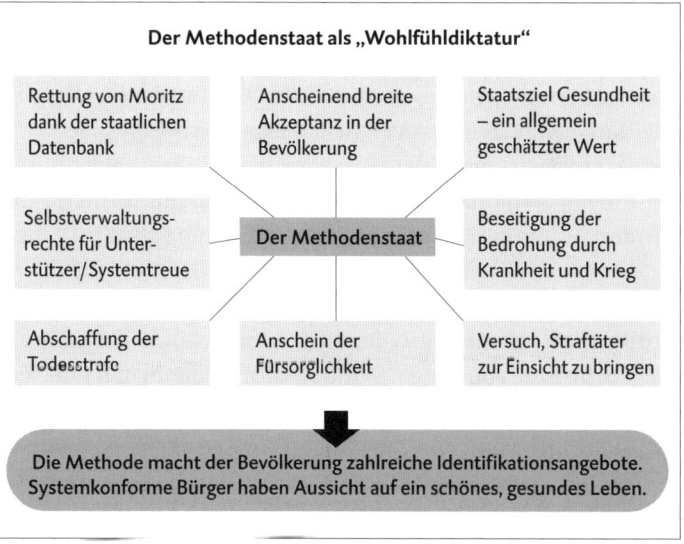

Der Methodenstaat als totalitäre Gesundheitsdiktatur

Die Gewalttätigkeit der *Methode* wird im Roman erst allmählich deutlich, aber schon im fiktiven Vorwort Heinrich Kramers legitimiert, wenn dieser behauptet: „Ein Mensch, der nicht nach Gesundheit strebt, wird nicht krank, sondern ist es schon." (S. 7 f.) Wenn Gesundheit oberstes Staatsziel ist, verpflichtet dieser Satz zu **konformem Verhalten**. Dies gilt umso mehr, als laut Kramer Gesundheit ein „Synonym für Normalität" (S. 181) ist. Das Kranke, nicht „Funktionierende" oder nicht „Störungsfreie" (S. 181) ist seiner Auffassung nach abzulehnen und zu bekämpfen. Unter dieser **Verabsolutierung der Gesundheit**, die zum Endziel staatlichen Handelns erklärt wird, leiden allerdings andere Werte – der Wert der **Mitbestimmung** oder auch der Wert der **Selbstverwirklichung**. Das Verhältnis zwischen staatlichem **Präventionsansatz** und dem **Recht** des Einzelnen auf **informationelle Selbstbestimmung** und auf **Freiheit** gerät aus der Balance. Der auf Effizienz programmierte Methodenstaat hat daher **totalitäres Potenzial**. Er beansprucht das Recht, seine Bürger genau zu durchleuchten, und er erwartet von diesen die Einhaltung einer genau vorgegebenen Lebensweise. Mit Regeln wie dem Rauch- oder Kussverbot und dem Verbot, das hygienisch kontrollierte Gebiet zu verlassen, greift der Staat stark in das Leben seiner Bürger ein. Eine **Privatsphäre** nach unserem Verständnis ist **nicht vorhanden**. Schon der Wunsch Mias, ihren Schmerz als „Privatangelegenheit" (S. 57) zu betrachten, stößt vor Gericht auf schieres Unverständnis. Dazu treten noch die umfassenden **Überwachungsmaßnahmen**, gerade unter Zuhilfenahme der grenzenlosen Erhebung von Daten. Symbol dafür ist der in den Oberarm implantierte Mikrochip, ein besonders anschauliches Beispiel ist das Anbringen von Sensoren in den Toiletten der Bürger, um die Konzentration der Magensäure zu messen (vgl. S. 35). Gegen Personen, die **gegen die staatlichen Vorgaben verstoßen**, verhängt die *Methode* **drastische Sanktionen**. So will Kramer

abweichende Ideen als „infektiöse[] Gedanken" (S. 200) bekämpfen und Oppositionelle „vernichte[n]" (S. 201). Dabei schreckt er
nicht davor zurück, Strafverfahren zu manipulieren, Geständnis-
se zu erpressen und Folter einzusetzen. Die Justiz urteilt nicht im
Namen des Volkes, sondern in dem der *Methode* (vgl. S. 9). Dies
alles zeigt, dass es sich bei der *Methode* um einen **Unrechtsstaat**
ohne Gewaltenteilung handelt. Typisch für eine **Diktatur** ist ferner das **Fehlen einer unabhängigen Presse** bzw. die „**Gleich-
schaltung**" der Medien und damit der Bevölkerung. Kramer bezeichnet sich zwar als „Auge der vierten Gewalt" (S. 16) und
erinnert damit an unser Verständnis von der Rolle der Presse als
derjenigen Instanz, die die anderen Gewalten im Staat kritisch
begleitet. Tatsächlich aber **manipuliert** er die **Medien und die
Öffentlichkeit** im Sinne der *Methode*. Die Medien selbst tragen
entsprechende Namen wie *Gesunder Menschenverstand* oder *Was
alle denken*. Typisch für eine Diktatur ist außerdem die **starke
Rolle des Geheimdienstes** („Methodenschutz"), der jederzeit
berechtigt ist, die Wohnungen zu stürmen, Bürger zu betäuben
und in seine Gewalt zu bringen (vgl. S. 192 f.). **Politische Häft-
linge** wie Mia werden im Gefängnis durch das Tragen von Papier-
anzügen systematisch **entwürdigt** (vgl. S. 195). Um der vermeint-
lichen Bedrohung durch Mia zu begegnen, ist die *Methode* bereit,
auf mittelalterliche Maßnahmen wie die Anwendung von **Folter**
zurückzugreifen, die im Zeitalter der Aufklärung abgeschafft
wurde. Mia kommentiert die angedrohte Folter wie folgt: „Das
Mittelalter ist keine Epoche. Mittelalter ist der Name der menschlichen Natur." (S. 235) Im Roman steht der Begriff Mittelalter für
menschenverachtendes und dogmatisches Denken. *Corpus Delicti*
zeigt, was geschieht, wenn ein solches Denken und wissen-
schaftlich-technischer Fortschritt eine Verbindung eingehen.

Vor diesem Hintergrund bekommt der Romantitel eine weitere Bedeutung: Mit „Corpus Delicti" (= Körper des Verbrechens)
könnte allgemein der menschliche Körper gemeint sein, an dem
sich der Methodenstaat mit seinem Gesundheitszwang vergeht.

Der Methodenstaat als totalitäre Diktatur

Vernichtung der Opposition, Folter, Umerziehungsmaßnahmen

Verabsolutierung der Werte Gesundheit und Sicherheit

Verpflichtung der Bevölkerung auf eine als normal deklarierte Lebensweise

Umfassende, hochtechnisierte Überwachungsmaßnahmen

Der Methodenstaat

Keine Unabhängigkeit von Presse und Justiz/ keine Gewaltenteilung

Einschüchterung durch Geheimdienste

Einschränkung zahlreicher Grundrechte

Kampf gegen das Kranke und nicht Normale

Die Methode unterdrückt jegliche Demokratie. Sie unterwirft sich das gesellschaftliche und politische Leben.

Kritik am Körperkult: Gesundheit, Fitness, Selbstoptimierung

Der Roman lässt sich als **Kritik** an der gegenwärtigen Fixierung vieler Menschen auf **körperliche Gesundheit** und **Leistungsfähigkeit** lesen. Ein Erklärungsansatz für dieses Verhalten wird neben dem Fortschritt in medizinischer und ernährungswissenschaftlicher Hinsicht im „**Ende der Ideologien**" gesehen. Damit ist gemeint, dass zusammenhängende Weltbilder mit absolutem Wahrheitsanspruch heutzutage vielen Menschen als überholt erscheinen. Beginnend mit der Aufklärung habe die **Religion** ihre Rolle als absolute **moralische Instanz** und **als Trösterin verloren**, später hätten sich Weltanschauungen wie **Kommunismus und Faschismus** als verhängnisvoll erwiesen. Der französische Philosoph Jean-François Lyotard etwa (1924–1998) bezeichnete diese Weltbilder als „große Erzählungen" der Moderne, die wegen ihrer Eindimensionalität keine Gültigkeit mehr beanspruchen dürften. Im Zeitalter der Postmoderne gebe es eine Vielfalt von Perspektiven mit jeweils **eigenen Rationalitätskriterien**, die letztlich unvereinbar seien. In einer unübersichtlich gewordenen

Welt konzentrieren sich nach diesem Erklärungsansatz viele Menschen auf sich selbst, u. a. auf die **Verbesserung der eigenen Gesundheit**. In *Corpus Delicti* wird diese Sichtweise mehrfach aufgegriffen, zum Beispiel im Kapitel *Keine verstiegenen Ideologien*.

Das gestiegene Gesundheitsbewusstsein manifestiert sich derzeit zum einen im Trend zu gesunder Ernährung unter Verzicht auf als problematisch empfundene Stoffe wie gesättigte Fettsäuren, Cholesterin, Zucker, Gluten oder Laktose. Dieses Verhalten wird im Roman auf die Spitze getrieben, wenn Mia bei einem Einkauf „[s]ieben Einheiten Proteine", „[z]ehn Kohlenhydrate", „[d]rei Obst und Gemüse" (S. 80) erwirbt. Nahrung wird also auf den Nährwert reduziert, der **sinnliche Genuss** spielt **keine Rolle** mehr. Passend dazu wird im Roman meist „heißes Wasser" getrunken, allenfalls mit „einem Spritzer Zitrone" (S. 37) angereichert. Bereits heute zunehmend geächtete Substanzen wie Nikotin sind in der Romanwelt ebenso gänzlich verboten wie das Trinken von Alkohol (vgl. S. 14). Auch der **aktuelle Fitnesstrend** wird in *Corpus Delicti* verarbeitet. In unserer Gesellschaft, in der die Zahl der körperlich Arbeitenden sinkt, wird für immer mehr Menschen der Sport als Mittel des Ausgleichs wichtig. Im Methodenstaat existiert gar ein **Zwang zur körperlichen Fitness**, denn jeder muss seine „Sportpflichten" (S. 90) erfüllen. Mias Entfremdung vom System zeigt sich auch am nachlässiger werdenden Umgang mit diesem Gebot. Nach Moritz' Tod hat sich auf ihrem Hometrainer ein „Rückstand von 600 Kilometern angesammelt" (S. 79), vor Gericht muss sie versichern, den „Sportrückstand" (S. 100) unverzüglich aufzuholen.

Neben dem Fitnesstrend und der zunehmenden Bedeutung gesunder Ernährung greift der Roman noch eine weitere gesellschaftliche Entwicklung auf. Die sportliche Selbstoptimierung wird in Zeiten leistungsfähiger **Smartphones** und entsprechender **Apps** gefördert durch Versuche, die eigene **körperliche Leistungsfähigkeit quantitativ** zu erfassen. Dazu zählen Schrittzähler, Pulsmesser oder Kalorienzähler. Mitunter wird diese

Bewegung auch als „Quantified Self" bezeichnet. In *Corpus Delicti* wird dieser Trend weitergesponnen. So ist jeder Einzelne verpflichtet, einen „Schlafbericht" und einen „Ernährungsbericht" (S. 18) zu verfassen, den Blutdruck zu messen und den eigenen Urin zu testen. Aus diesen und weiteren Daten wie dem Kalorienverbrauch und Blutwerten kann dann ein „**Leistungsprofil**" (S. 18) erstellt werden. Wichtige **körperbezogene Daten** werden in einem in den Oberarm **implantierten Mikrochip** abgespeichert, der mit den an vielen Orten installierten Sensoren kommuniziert (vgl. S. 90 f.). Juli Zeh hält diesen Trend für problematisch:

> *Wir folgen derzeit dem Irrglauben, unser Schicksal, sprich unsere Zukunft beherrschen zu können, indem wir ständig alles ‚richtig' machen und uns unentwegt selbst optimieren – auf der Arbeit, bei Gesundheit und Ernährung, selbst bei Liebe und Sex. Alles ist Leistungssport. Wir glauben, dadurch Kontrolle über unser Leben zu gewinnen. In Wahrheit werden wir manipulierbar und unfrei.*[7]

Die Leistung des Romans besteht darin, zu zeigen, dass der **individuelle Drang zur Selbstoptimierung** spätestens dann problematisch wird, wenn damit ein Staat **legitimiert** wird, der die **Freiheitsrechte** seiner Bürger stark **einschränkt**. Am Beispiel des Schicksals von Mia Holl wird deutlich, welche Probleme dadurch entstehen können, dass der Staat ungehinderten **Zugriff** auf die **Daten seiner Bürger** hat.

Kritik an der Sicherheitsdebatte und „Big Data"

Corpus Delicti greift damit auch das aktuelle Problem des zunehmenden **Datensammelns von Staat und Wirtschaft** und des **sorglosen Umgangs der Bürger mit ihren Daten** auf. Um den gesellschaftlichen Bewusstseinswandel in dieser Hinsicht zu verdeutlichen, muss man sich vergegenwärtigen, dass in den 80er-Jahren des letzten Jahrhunderts eine geplante Volkszählung die Öffentlichkeit sehr stark erregt hatte. Obwohl die erhobenen Daten aus heutiger Sicht eher beschränkt waren, betonten die Gegner damals die Gefahr des „gläsernen", d. h. für den Staat transparenten Menschen und riefen zum Boykott auf. In einem Urteil zur Volkszählung entwickelte das Bundesverfassungs- gericht aus dem allgemeinen Persönlichkeitsrecht das **Recht auf informationelle Selbstbestimmung.** Darunter wird das Recht des Einzelnen verstanden, grundsätzlich selbst über die Preisgabe und Verwendung seiner personenbezogenen Daten zu bestim- men. Seither haben sich sowohl die Einstellung vieler Menschen zur Datenpreisgabe als auch das Verständnis von Aufgaben und Rechten des Staates gewandelt. **Staatlicherseits** wird die **Erhe- bung von Daten** intensiviert, legitimiert durch den Verweis auf die staatliche Pflicht, die **öffentliche Sicherheit** zu garantieren. So wird zunehmend auf öffentliche Videoüberwachung gesetzt und die Ausweitung ihrer Einsatzgebiete gefordert, an Flughäfen wird der Einsatz von Körperscannern ausgebaut, automatische Gesichtserkennungen werden getestet, die Behörden wollen die Vorratsdatenspeicherung nutzen. Kritiker stoßen sich besonders am **Außerkraftsetzen der Unschuldsvermutung**, weil vor allem die Daten von Unschuldigen gespeichert werden.

Juli Zehs Sprachrohr Mia kommentiert die staatliche Über- wachung wie folgt: „Ich entziehe einem Volk das Vertrauen, das glaubt, totale Durchleuchtung schade nur dem, der etwas zu ver- bergen hat." (S. 186) Damit wendet sich die Protagonistin gegen ein aktuell oft genanntes **Argument** für den **Ausbau von Über- wachung.** In *Corpus Delicti* wird diesem Sicherheitsargument entgegengehalten, „dass die Datenspur eines Menschen Millio- nen von Einzelinformationen enthält, aus denen sich jedes belie- bige Mosaik zusammensetzen lässt. Wenn die *Methode* glaubt, in Mia einen Gefährder vor sich zu haben, dann sieht sie auch einen Gefährder." (S. 226) Dies lässt sich als **Warnung vor dem Miss- brauch gesammelter Daten** verstehen. Anzumerken ist, dass

die Bezeichnung „Gefährder" auch in unserem Staat angewendet
wird, um Personen zu benennen, bei denen kein konkreter Hinweis auf die Planung einer Straftat vorliegt, bei denen jedoch „be-
stimmte Tatsachen die Annahme der Polizeibehörden rechtfertigen, dass sie Straftaten von erheblicher Bedeutung [...] begehen"[8]
werden. Nach aktueller Gesetzeslage können diese Personen,
wenn sie aus dem Ausland sind, leichter in Abschiebehaft genommen oder vor ihrer Abschiebung stärker überwacht werden.
Auch hier bemängeln Kritiker, dass die **Unschuldsvermutung**
außer Kraft gesetzt wird.

Regierungskritisches Werbeplakat der internetaffinen Partei „Die Piraten", die vor
einigen Jahren bei Wahlen Überraschungserfolge feiern konnte

Im Roman wird also die Frage aufgeworfen, wo die **staatliche
Überwachung enden** und die **Privatsphäre des Bürgers be-
ginnen** soll. Mia äußert sich wie folgt: „Ich entziehe einer Sicherheit das Vertrauen, die eine letztmögliche Antwort sein will, ohne
zu verraten, wie die Frage lautet." (S. 186) Der letzte Nebensatz
ist gleichzeitig die Kapitelüberschrift – auf ihn will Zeh die
Aufmerksamkeit des Lesers lenken. Eine mögliche Frage könnte

die nach dem Charakter des Gemeinwesens sein, dessen Sicherheit garantiert werden soll. Insofern lässt sich der Roman ganz aufklärerisch als Aufruf zur **Verteidigung der persönlichen Freiheit** und zum **Kampf gegen die Einschränkung der Grundrechte** lesen.

Auch wenn *Corpus Delicti* das Problem der Überwachung des Einzelnen durch den Staat in den Vordergrund stellt, wirft er doch auch die Frage nach dem Umgang mit Nutzerdaten durch Unternehmen auf und regt dazu an, über mögliche Konsequenzen der Preisgabe persönlicher Daten nachzudenken. Diese Problematik lässt sich an zwei Beispielen erhellen: So akzeptieren es die Nutzer des sozialen Netzwerks Facebook, dass viele ihrer Netzaktivitäten verfolgt werden, dass Facebook Daten sammelt und sie teilweise an technische Dienstleister, Analysefirmen und Werbepartner weitergibt, um so Einnahmen zu generieren. Und die **Generali-Versicherung** hat ein Versicherungsmodell entwickelt, das auf die elektronische Kontrolle von Fitness, Ernährung und Lebensstil der Versicherten setzt. Kunden erhalten Gutscheine und Rabatte, wenn sie gesund leben. Im Gegenzug müssen sie der Generali über eine App regelmäßig **Daten zum Lebensstil** übermitteln. Einerseits profitieren junge, sportliche und gesunde Menschen, andererseits müssen alte, unsportliche und kranke Versicherte mehr zahlen. Letztlich wird durch dieses Modell der **Solidaritätsgedanke von Krankenversicherungen untergraben**. Die Autorin, die dazu in einem Interview befragt worden ist, warnt vor einer leichtfertigen Preisgabe persönlicher Daten, da diese zu einer zunehmenden Fremdbestimmung führen könne:

Je mehr wir ‚vermessen' werden, desto mehr werden wir verglichen. Und desto stärker gehorchen wir Mechanismen, die wir in Wahrheit nicht selbst kontrollieren, weil sie von Krankenkassen, Arbeitgebern, Schulen oder Sicherheitsbehörden entwickelt und angewendet werden.[9]

Für Juli Zeh ist die herrschende Praxis, **Dienstleistungen gegen die Herausgabe persönlicher Daten anzubieten**, meist „Abzocke"[10], weil es für den Verbraucher an **Transparenz fehle**. Er könne schließlich nicht beurteilen, was seine Daten wert seien, zudem seien diese anders als das anonymisierte Zahlungsmittel Geld personalisiert. Folglich zahle der Nutzer mit seiner „Intimität". Welche Konsequenzen der Verlust an Privatsphäre im Extremfall haben könnte, zeigt die Autorin am Beispiel Mia Holls.

Kritik an einem verengten Vernunftbegriff

Darüber hinaus wirft *Corpus Delicti* die Frage auf, was **Vernunft** überhaupt bedeutet, was ihr **Stellenwert** für den Menschen ist und wo ihre **Grenzen** liegen. Schließlich präsentiert sich die *Methode* als durch und durch rationale Nachfolgerin der Demokratie unserer Zeit. Kramer drückt dies so aus:

> *Wir gehorchen allein der Vernunft, indem wir uns auf eine Tatsache berufen, die sich unmittelbar aus der Existenz menschlichen Lebens ergibt. Denn ein Merkmal ist jedem lebenden Wesen zu eigen [. . .]: Der unbedingte, individuelle und kollektive Lebenswille. Ihn erheben wir zur Grundlage der großen Übereinkunft, auf die sich unsere Gesellschaft stützt. Wir haben eine Methode entwickelt, die darauf abzielt, jedem einzelnen ein möglichst langes, störungsfreies, das heißt, gesundes und glückliches Leben zu garantieren.* (S. 36)

Was das Wesen des Menschen ausmacht, ist seit jeher Gegenstand einer umfangreichen wissenschaftlichen Diskussion, die nur angedeutet werden kann. Themen sind z. B. die **Sonderstellung des Menschen**, das **Verhältnis von Körper und Geist**, die Fragen, ob der Mensch **selbstbestimmt** oder **determiniert** ist und ob er eher **altruistisch** oder **egoistisch** geprägt ist. Mit Blick auf Kramers Vernunftbegriff muss festgehalten werden, dass der **Überlebenswille** den Menschen jedenfalls **nicht vom Tier unterscheidet**. Er stellt also keine ethische Kategorie dar und ist daher **als Ausgangspunkt der Legitimation eines Gemeinwesens ungeeignet**, vor allem wenn er verabsolutiert wird. Zu hinterfragen ist auch die Gleichsetzung von „störungsfrei" und „gesund und glücklich". Auf diese Weise wird der Stellenwert individueller Lebenserfahrungen und Lebensentscheidungen, darunter auch die Möglichkeit, an Krisen zu wachsen, negiert. Mia kritisiert dies als Sprachrohr der Autorin: „Ich entziehe einer Moral das Vertrauen, die zu faul, ist sich dem Paradoxon von Gut und Böse zu stellen und sich lieber an ‚funktioniert' und ‚funktioniert nicht' hält." (S. 186) Der Vernunftbegriff der *Methode* unterscheidet sich also von der praktischen Vernunft, d. h. der Fähigkeit zum **ethisch begründeten Handeln**.

Auf Grundlage des **verengten Vernunftbegriffs** der *Methode* werden abweichende Meinungen als irrational und daher überholt abgelehnt. Kramer hält alle „Freigeisterei" für rückständig bzw. für ein „altmodisches Überbleibsel der bürgerlichen Aufklärung" (S. 182). Diese Abgrenzung wirkt auf den ersten Blick befremdlich, weil wir aus dem Schulunterricht heraus die Entwicklung der **Rationalität** mit den **Aufklärern** des 17. und 18. Jahrhunderts verbinden. Immanuel Kant entwickelte damals die Vorstellung vom mündigen Bürger, der sich nicht unhinterfragt von Autoritäten leiten lässt und Entscheidungen aufgrund seines Verstandes trifft. Auch der Staatsaufbau und die Herrschaft sollten rationalen Kriterien gehorchen, wie Theoretiker wie Locke, Montesquieu oder Rousseau herausarbeiteten. Rational erschien diesen die **Begrenzung politischer Macht** durch eine **Verfassung** sowie die Legitimation von Herrschaft durch **Volkssouveränität**. Viele Theoretiker der Aufklärung einte die Überzeugung, dass die Emanzipation des Einzelnen und gesellschaftlicher sowie wissenschaftlicher Fortschritt Hand in Hand gehen. Die *Methode* dagegen nimmt für sich in Anspruch, am Ziel zu sein und aufgrund der Perfektion, die sie erreicht hat (vgl. S. 36 f.), Konzepte wie die gerade skizzierten hinfällig gemacht zu haben. Daraus leitet die *Methode* das Recht ab, **Opposition wie eine Krankheit zu bekämpfen**. In diesem Sinne lässt sich **Kramers Verständnis von Vernunft** als **instrumentelle Vernunft** bezeichnen, d. h., dass die Mittel einer technisch-rationalen Vernunft letztlich der **Herrschaftssicherung** dienen.

Darüber hinaus wirft *Corpus Delicti* die Frage auf, inwieweit die **Dominanz der Ratio** nicht generell ein **Problem** ist. Mit den Mitteln einer wissenschaftlich-technischen Vernunft hat sich der Mensch v. a. seit der Industrialisierung systematisch die **Welt unterworfen**, sich **von der Natur entfremdet** und diese **ausgebeutet**. Letzteres scheint im Methodenstaat zwar Geschichte zu sein (vgl. S. 11 f.), aber die Entfremdung wird sehr anschaulich gemacht. So wohnen die Menschen in riesigen Städten, umgeben von renaturierten Industrieflächen. Das Verlassen des Stadtgebietes ist streng verboten, weil die Natur nicht hygienisch kontrolliert werden kann. Auf den Balkonen der Häuser wachsen künstliche Blumen, deren künstliche Aromen die Insekten irritieren. Die Menschen leben also in einer durch und durch **vom Menschen gestalteten Umwelt**. Auch hier überzeichnet die Autorin die gegenwärtige Situation. Moritz Holl dient ihr als Sprachrohr zur Kritik dieses Verhältnisses zur Natur. Er fühlt sich frei in der vom Menschen weitgehend unberührten Natur (vgl. S. 90 f.). Die „Kathedrale" ist für ihn ein Fluchtort, an dem er im **Einklang mit der Natur** eigene Erfahrungen machen kann. Er ist ein Beispiel für den vom Aufklärer Jean-Jacques Rousseau propagierten „natürlichen Menschen", der in der Natur und abgeschirmt von der Gesellschaft seine **natürlichen Anlagen** entfaltet. Damit ist er ein **Gegenpol** zu den „**vergesellschafteten Menschen" im Methodenstaat**. Über die Figur des Moritz werden auch weitere mögliche Probleme der Dominanz der Ratio deutlich. Diese kann verhindern, dass der Mensch Erfahrungen sammelt, die seiner **Persönlichkeitsentwicklung** dienen: „Der Mensch muss sein Dasein *erfahren*. Im Schmerz. Im Rausch. Im Scheitern. Im

Höhenflug." (S. 92) Menschsein besteht für Moritz also im Eingehen von **Risiken**, im Ausleben von **Trieben und Emotionen**. Das vermeintlich vernünftige Ziel der Herstellung größtmöglicher Sicherheit greift er an:

> *Weißt du, wann unsere Welt endlich sicher sein wird? Wenn alle Menschen in Reagenzgläsern liegen, eingebettet in Nährlösung und ohne Möglichkeit, einander zu berühren. Was soll denn das Ziel dieser Sicherheit sein? Ein Dahinvegetieren im Zeichen einer falsch verstandenen Normalität?* (S. 93)

Seine Schwester Mia bricht im Verlauf der Handlung die Dominanz der Vernunft auf und **akzeptiert** ihre **Gefühle**. So stellt sie nach der Wende vor Gericht fest: „Ich kann jetzt mit dem Herzen denken." (S. 183)

Corpus Delicti fordert den Leser also auch auf, selbst zu fragen, was den **Menschen ausmacht**.

Gesellschaftskritik in *Corpus Delicti*

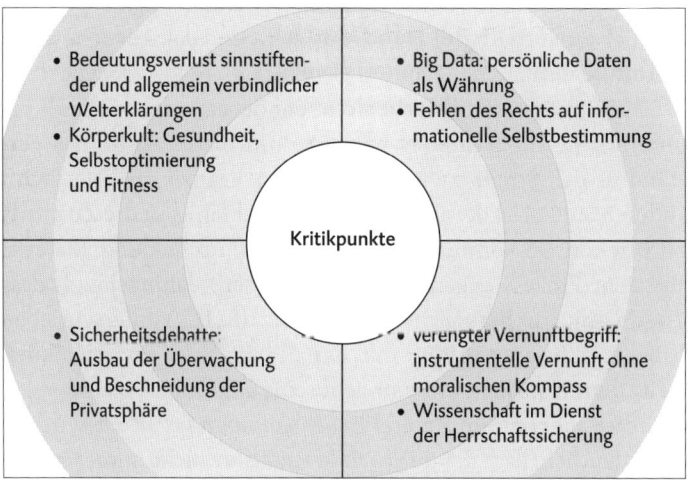

- Bedeutungsverlust sinnstiftender und allgemein verbindlicher Welterklärungen
- Körperkult: Gesundheit, Selbstoptimierung und Fitness

- Big Data: persönliche Daten als Währung
- Fehlen des Rechts auf informationelle Selbstbestimmung

Kritikpunkte

- Sicherheitsdebatte: Ausbau der Überwachung und Beschneidung der Privatsphäre

- verengter Vernunftbegriff: instrumentelle Vernunft ohne moralischen Kompass
- Wissenschaft im Dienst der Herrschaftssicherung

4 Erzählweise und Sprache

Erzählweise

Corpus Delicti verfügt über **keine einheitliche Erzählweise**, allerdings wird die Handlung häufig aus der Sicht eines **allwissenden auktorialen Erzählers** erzählt. Ein Beispiel hierfür ist das dritte Kapitel (vgl. S. 11–19), in dem die eigentliche Handlung einsetzt. Der **Blickwinkel** des Erzählers ist dabei zunächst **weit**. Er betrachtet die Landschaft aus der Vogelperspektive, später wird der Fokus zunächst auf das Gerichtsgebäude und danach auf einen bestimmten Gerichtssaal verengt. Der Erzähler beschreibt dabei die Einrichtung, die Personen und deren Agieren zunächst **nüchtern und distanziert**, zeigt sich aber bald durch **Kommentare** bzw. Informationen aus der Vergangenheit der Personen („Nur wer Heinrich Kramer besser kennt, weiß, dass er unruhige Finger hat.", S. 15) als **allwissender bzw. auktorialer Erzähler**. Durch die im Roman häufige Verwendung des Personalpronomens „wir" (vgl. z. B. S. 17) wird betont, dass es einen Erzähler gibt, der deutlich **außerhalb der Handlung** steht und den **Leser** bewusst **miteinbezieht**. Das Kapitel *Genetischer Fingerabdruck* (vgl. S. 33–35) ist ein **Erzählerbericht**, der die eigentliche Handlung unterbricht, um dem Leser wichtige Informationen für das Verständnis des Streits zwischen Mia und Kramer zu liefern. An anderen Stellen ist der allwissende Erzähler fähig, **in die Zukunft zu blicken:** So kommentiert er Sophies Entscheidung, Material aus dem Prozess gegen Moritz zuzulassen, dahingehend, dass diese damit „ihr berufliches Todesurteil" (S. 162) unterschrieben habe. Die **Souveränität**, mit der der Erzähler zwischen den **Zeitebenen** springt, unterstreicht seine auktoriale Anlage.

Unter anderem im Kapitel *In der Kommandozentrale* wird jedoch deutlich, dass der **auktoriale Erzähler** nicht immer zuverlässig ist: „Mia tritt in die Pedale und denkt an – was? Gehen wir der Einfachheit halber davon aus, dass sie an Moritz denkt." (S. 79)

In ihrem poetologischen Buch *Treideln* äußert sich Zeh wie folgt über das unzuverlässige Erzählen:

Ich mag erzählende Illusionisten. Sie passen zu unserem Weltbild, das die Wirklichkeit doch eher als eine Schichtung von subjektiven Perspektiven, Erzählungen und Erfindungen betrachtet denn als allgemeinverbindliche Angelegenheit.[11]

Das Thematisieren des eigenen Unwissens unterstreicht also die **Subjektivität des Erzählers**, erschüttert seine Glaubwürdigkeit beim Leser und ermutigt diesen zu eigenen Reflexionen. Insgesamt wirft der Erzähler einen eher **kühlen und distanzierten Blick** auf die Figuren – gelegentlich wirkt es so, als begreife er diese als Teil einer Versuchsanordnung.

Typisch für das gesamte Werk sind die häufig auftretenden **Figurenreden in Dialogform**, die dem Roman **szenischen Charakter** verleihen und das Geschehen sehr unmittelbar wirken lassen (vgl. S. 14). Daran und an der oft episodischen Darstellungsweise erkennt man, dass der Stoff zuerst für die Bühne konzipiert worden ist. Bei den Dialogen neigt der Erzähler gelegentlich zu einer **neutralen Erzählperspektive:** Immer wieder gibt er diese über weite Strecken direkt und unvermittelt wieder, ohne sich in irgendeiner Form einzuschalten (vgl. z. B. S. 77).

Teilweise wirkt die Erzählperspektive in *Corpus Delicti* jedoch auch **personal**, d. h., es wird aus der Sicht einer Figur erzählt, was die Identifikation des Lesers mit dieser verstärkt. Dabei wird häufig die **Sicht Mias** eingenommen, etwa wenn sie im Kapitel *Ambivalenz* über ihr Verhältnis zu Kramer nachdenkt (z. B. S. 126 f.). Ein besonders gutes Beispiel für diese Erzählweise ist die letzte Gerichtsverhandlung. Es wird wiederum aus Mias Perspektive erzählt, die aus ihrem Käfig heraus „das Spektakel wie aus einer Theater-Loge verfolgen" (S. 250) kann. Damit kann sich der Leser in ihre **verzerrte Wirklichkeitswahrnehmung** hineinversetzen („Vor Mias verschwommenem Blick hat der Saal kein Ende […].", S. 250) und nachvollziehen, wie sie durch die *Methode* gedemütigt wird. Mitunter wird auch die Perspektive anderer Personen eingenommen. So dominiert z. B. in *Keine Liebe der Welt* gerade zu Beginn Rosentreters Sicht (vgl. S. 220–222).

Einen Bruch zur vorherrschenden Erzählweise stellt das Kapitel *Wie die Frage lautet* (vgl. S. 186 f.) dar, das Mias **politisches Bekenntnis** enthält. Es ist in der **Ich-Form** geschrieben und wirkt dadurch passenderweise **näher** bzw. **persönlicher**, zumal das Bekenntnis Ausdruck ihrer **individuellen Weltsicht** ist. Ähnliches gilt für das Kapitel *Bedrohung verlangt Wachsamkeit* (vgl. S. 138–140), das einen gleichnamigen Kommentar Kramers enthält, den dieser in *Der Gesunde Menschenverstand* veröffentlicht. Weil dieser seine **persönliche Perspektive** für die **allgemeinverbindliche** hält, ist der Abschnitt von der **ersten Person Plural** geprägt. Eine weitere Besonderheit stellen die ersten beiden Kapitel dar. Diese werden mit der Wiedergabe eines Buchauszugs und des Urteils ohne jegliche Innenperspektive **neutral** erzählt, wobei der Erzähler ganz verschwindet (vgl. S. 7–10).

Erzählweise

Variable Erzählperspektive:

- grundsätzlich eher auktoriales Erzählen (z. B. souveräner Wechsel der Zeitebenen, großes Wissen über Figuren, Kommentare), aber teilweise Tendenz zu unzuverlässigem Erzählen
- in Gesprächswiedergaben oft neutrales Erzählen
- immer wieder Tendenz zu personalem Erzählen (v. a. mit Perspektivfigur Mia)

Besonderheiten:

- Kapitel *Das Vorwort* und *Das Urteil*: komplett neutrales Erzählen (Wiedergabe eines Buchauszugs und des Urteils)
- Kapitel *Wie die Frage lautet*: Ich-Perspektive (Mia)
- Kapitel *Bedrohung verlangt Wachsamkeit*: Ich-/Wir-Perspektive (Kramer)

Darbietungsformen:

- Figurenrede: Vorherrschen szenischen Erzählens → direkte Rede
- Erzählerbericht (besonders ausgeprägt im Kapitel *Genetischer Fingerabdruck*): v. a. Handlungsdarstellung, aber auch kommentarhafte Einlassungen/Reflexionen

Sprache und Stil

Insbesondere in den **Dialogen**, die einen großen Teil des Romans ausmachen, nähert sich die Autorin über weite Strecken der **Alltagssprache** an, was **unmittelbar** und **authentisch** wirkt. Dies wird auf der Ebene der Syntax durch meist **einfach gebaute**, oft **kurze** und teilweise **unvollständige Sätze** erreicht. Den Eindruck von Authentizität verstärken auch **Mündlichkeitszeichen** wie „mal" (S. 17), „also" (S. 13) und Elisionen („das war's", ebd.). Auch die Wortwahl, die oft umgangssprachlich, teilweise fast derb ist, trägt hierzu bei („Red keinen Scheiß", S. 28; „Wollen Sie mich eigentlich verarschen?", S. 66).

Gerade in den Figurenreden vor Gericht treten gehäuft Ellipsen bzw. Ein-Wort-Sätze auf wie „Geständig" (S. 101), „Stattgegeben" (ebd.) oder „Jetzt Ihr Antrag, Herr Verteidiger?" (S. 156). Damit modelliert Zeh den knappen, **sachlichen Austausch vor Gericht**. Passend zur Thematik werden viele Begriffe aus dem **Bereich des Rechts** verwendet wie „offener Maßregelvollzug" (S. 16), „Bagatelldelikt" (S. 18) oder „Härtefallantrag" (S. 156). Dies trägt der Tatsache Rechnung, dass weite Teile des Romans als Verhandlung vor Gericht konzipiert sind. Nicht zuletzt trägt der Roman den Titel *Corpus Delicti*, was sich unter anderem mit Beweisstück bzw. mit „Körper eines Verbrechens" übersetzen lässt.

Bemerkenswert ist ferner die häufige Verwendung **medizinischer Fachbegriffe** wie „allergische Sensibilität" (S. 14), „Haupthistokompatibilitätskomplex" (S. 61), „Bakterienkonzentration" (S. 100), „Transplantation", „Katheder" (S. 165). Darin spiegelt sich das Hauptthema „Gesundheit" wider. Ebenfalls thematisch bedingt werden vielfach Begriffe benutzt, die sowohl mit dem Recht als auch der Medizin verbunden sind, wie der „DNA-Test" (S. 37) oder die „Einsetzung eines medizinischen Vormunds" (S. 16) als gerichtliche Maßnahme. Letzteres lässt sich zudem als Beispiel für den **Jargon** der *Methode* einordnen, der sehr präsent ist: Dazu gehören auch Begriffe wie „methodenfeindliche Umtriebe" (S. 9), „Gesinnungsprüfung" (S. 170), „methodenfeindliche Sabotage" (S. 252), „Methodenfeind" (S. 253) oder „Feinde des Glücks" (S. 254), die der **Diffamierung** von Oppositionellen bzw. Andersdenkenden dienen, deren „infektiöse Gedanken" (S. 200) die Gemeinschaft zersetzen würden. Dagegen versucht die *Methode* positive Begriffe wie „gesunder Menschenverstand", „Vernunft" und „Normalität" für sich zu reklamieren.

Mittels Besonderheiten in ihrem Sprachgebrauch werden die auftretenden **Figuren charakterisiert**. So ist der Ausdruck von **Moritz** auf der einen Seite oft **flapsig und unernst**, etwa wenn er die *Zentrale Partnerschaftsvermittlung* als „größte Puffmutter der Welt" (S. 61) bezeichnet. Auf der anderen Seite ist seine Sprechweise auch **pathetisch**, z. B. wenn er den Treffpunkt der Geschwister als „Kathedrale" (S. 60) tituliert. Beides lässt sich als Zeichen für seine **reiche Gefühlswelt** deuten.

Stets rhetorisch ausgefeilt sind die Reden **Kramers**. Er neigt zu einem **hohen Ton** und **euphemistischen Formulierungen**. So droht er Mia die Folter an, indem er sie darüber informiert, dass „die Strafrechtsgeschichte bei aller Progressivität keine vollkommen irreversible Angelegenheit darstellt" und in Extremsituationen auf „veraltete Maßnahmen" (S. 234) zurückgegriffen werden muss. Abweichende Meinungen wertet er in seinen öffentlichen Stellungnahmen mit **entwürdigenden Formulierungen** ab, die teilweise auch der NS-Sprache ähneln (Diffamierung oppositioneller Gedanken als Krankheit, vgl. S. 200 f.). Er verwendet oft Pronomen wie „unser" oder „wir" (vgl. S. 36), um zu suggerieren, dass er den **Standpunkt der Mehrheit** vertritt. Seine Sprache zeugt von seinem **manipulativen Geschick** – und das nicht nur, wenn er sich öffentlich äußert, sondern auch in seinen Gesprächen mit Mia. Mit dem Hinweis, Mia könne erzählen, „wie Moritz *wirklich* war" (S. 122), schafft er es beispielsweise, ihr

Informationen über Moritz zu entlocken, die er später gegen sie verwenden wird.

Mias Sprachgebrauch verändert sich im Zuge ihrer inneren Entwicklung. Im Kapitel *Keine verstiegenen Ideologien* drückt sie ihre Zweifel am System vor allem mit **Fragen** aus (vgl. S. 37 f.). Später verfestigen sich ihre Zweifel zu einer entschlossenen systemkritischen Haltung, die sie in ihrem politischen Bekenntnis (vgl. S. 186 f.) durch vielfache Wiederholung des **Aussagesatzes** „Ich entziehe … das Vertrauen" besonders eindringlich ausdrückt. Vor Gericht hinterlässt sie anfangs aufgrund kurzer, parataktischer Sätze (vgl. z. B. S. 57–59) einen störrischen Eindruck. Im letzten Gerichtsprozess heizt sie den Zuschauern mit zahlreichen Aufforderungen ein, die in der Aussage „Tötet oder schweigt" (S. 259) gipfeln.

Insgesamt kann man Mia eine große **Sprachvariabilität** bescheinigen. So finden sich **umgangssprachlich-derbe Sätze** („Sie haben mir versprochen, diese Scheiße zu beenden.", S. 107) ebenso wie rhetorisch **ausgefeilte Bilder** („Partisan der Erhaltung", S. 184), zum Teil mit einer Tendenz zur **Hyperbolik**, also bildlicher Übertreibung, und zum **Aphoristischen**: „Die Naturwissenschaft [...] hat die lange Ehe zwischen dem Menschen und dem Übermenschlichen geschieden. Die Seele, Spross dieser Verbindung, wurde zur Adoption freigegeben." (S. 185)

Die Hauptfiguren werden ferner durch verschiedene sprachliche **Bilder und Vergleiche charakterisiert** – und zwar sowohl durch den Erzähler als auch durch andere Figuren. Der Staatsanwalt mit dem sprechenden Namen Bell wird wie folgt vorgestellt: „Bell ist heute hager und nervös, als verstecke er einen Haufen loser Knochen unter seiner Robe [...]." (S. 66) Rosentreter „prescht voran wie ein Flüchtender, der nur noch eine Möglichkeit sieht, vor der Flinte des Heckenschützen ins Ziel zu kommen: Geschwindigkeit" (S. 167). Die Richter – und am Ende auch Rosentreter (vgl. S. 253) – werden vielfach als „schwarze Puppen"

(S. 53, 250) bezeichnet, was auf ihre fehlende Individualität und ihre Lenkbarkeit durch das System hinweist. Moderator Würmer wirkt neben Kramer „wie der nervöse Chef einer Schülerzeitung" (S. 83). Dieser selbst beschreibt sich als „Überzeugungstäter" (S. 180) und „Geschichtenjäger" (S. 118), während Mia und die ideale Geliebte ihn als „Maschine" (S. 37), „Ikone der Unbedingtheit" (S. 128), „mächtiges Streben mit einer leeren Mitte" (ebd.) betrachten, dessen „Mama" (S. 247) die *Methode* sei. Diese unterschiedlichen **Attribuierungen** geben dem Leser Anlass, seine eigene Sichtweise zu entwickeln bzw. zu reflektieren. Dies trifft auch auf Moritz zu, der einerseits als „Kindskopf" (S. 142) präsentiert wird, andererseits als „Herr seines eigenen Spiels" (S. 80). Mia selbst sieht sich zunehmend als „Heilige" (S. 190) oder als „Freiheitsstatue" (S. 198), während andere sie als „Zaunreiterin" (S. 144) und „tickende Zeitbombe" (S. 215) betrachten.

Auch zur Beschreibung **innerer Zustände** greift der Erzähler immer wieder auf **Bilder** zurück. So heißt es über den inneren Konflikt der Protagonistin: „Mia steckt in ihrer Haut wie in einem Fangnetz." (S. 55) Das Kapitel *In der Kommandozentrale* (vgl. S. 79–82) ist zu Beginn von Bildern geprägt, die Mias Verhältnis zu ihrem Körper veranschaulichen. Nach dem Sieg vor Gericht fühlt sich die überraschte Mia „wie ein Passagier, der tagelang auf dem Bahnsteig gestanden ist [...], und dann kommt der Zug – aus der anderen Richtung" (S. 171). Um ihren Radikalisierungsprozess zu betonen, fungieren an dieser Stelle **Naturschilderungen** als **Spiegel innerer Vorgänge**: „Der Sturm hat die Windräder längst erfasst, ihre Rotoren scheinen sich aufzulösen in der Geschwindigkeit." (S. 173 f.)

Die Bildsprache nutzt der Erzähler auch zur **Dramatisierung** oder zur **Bewertung** von Vorgängen: So spricht er – als es um Mias „Herztöne, das Rauschen des Bluts [...], die elektrischen Impulse der Synapsen" geht – von einem „Orchester von Wahnsinnigen, das die Instrumente stimmt" (S. 49). Solche Bilder tragen z. T. dazu bei, dass sich der Text von der unmittelbar zugänglichen, einfachen Sprache entfernt, und verleiten den Leser vorübergehend zu einem Lesen, das stärker der **Reflexion** bedarf, da er die Bilder erst noch auflösen bzw. übersetzen muss.

Insgesamt ist der Roman durch einige **ungewöhnliche und sperrige Bilder** gekennzeichnet. So wertet der Erzähler die Begegnung zwischen Mia und Kramer wie folgt: „Eher würden wir das, was gerade zwischen Mia und Kramer geschieht, das stumme Getöse am Anfang einer Geschichte nennen." (S. 29) Am Ende heißt es über ihre Gefängniszelle: „Unter dem Fenster macht sich die Ermangelung einer Schlafstätte breit [...]." (S. 202) Von Kritikern wird die Autorin wegen solcher Bilder häufig angegriffen, Zeh selbst sieht in dieser bildhaften Erzählweise und in der Verwendung des oft als altmodisch abgelehnten auktorialen Erzählers auch ein kreatives Aufbegehren gegen die im Leipziger Literaturinstitut herrschenden Schreibkonventionen.[12]

Sprache und Stil

Figurenrede:

- Nähe zur Alltagssprache (eher einfache Sprache, Ellipsen, kurze Sätze, Mündlichkeitssignale) → Unmittelbarkeit und Authentizität
- juristische und medizinische Fachbegriffe → Widerspiegelung zentraler Themen des Romans
- Jargon der Methode → u. a. Diffamierung von Oppositionellen

Charakterisierung der Figuren durch ihre Sprache:

- Moritz: flapsige, unernste, teilweise auch pathetische Sprache → Lebenslust und Gefühlsnähe
- Kramer: hoher Ton, Euphemismen und abwertende/entwürdigende Sprache → manipulatives Geschick
- Mia: große Sprachvariabilität (Umgangssprache bis hin zu rhetorisch ausgefeilter Bildsprache) und Veränderung des Sprechens im Handlungsverlauf

Erzählerbericht:

- meist eher einfache, zugängliche Sprache
- aber immer wieder auch Bilder und Vergleiche zur Charakterisierung und zur Bewertung von Figuren und Vorgängen

5 Interpretation von Schlüsselstellen

Mitten am Tag, in der Mitte des Jahrhunderts (S. 11–19)

Nach den vorgeschalteten Kapiteln *Das Vorwort* und *Das Urteil* setzt mit diesem Kapitel die eigentliche Handlung ein. Es lässt sich in mehrere große Sinnabschnitte einteilen. Zunächst wird ein Überblick über Kulturlandschaft und Lebensweise im Methodenstaat gegeben (vgl. S. 11 f.), dann fängt mit der Formulierung „dort beginnt unsere Geschichte" (S. 12) die eigentliche Handlung an. Dabei werden zunächst der Gerichtssaal und die beteiligten Rechtsvertreter (Richterin Sophie, Staatsanwalt Bell, Verteidiger Rosentreter) beschrieben (vgl. S. 12 f.), dann werden im nächsten Sinnabschnitt (vgl. S. 13–17) zwei Verstöße gegen die Gesundheitsgesetze verhandelt, wobei hier die Beschreibung des eingetretenen Protagonisten Kramer eingebettet ist. Den letzten Sinnabschnitt (vgl. S. 17 ff.) macht die Verhandlung des ersten Rechtsverstoßes von Mia aus.

Überblick über Kulturlandschaft und Lebensweise im Methodenstaat

Aus der Vogelperspektive erfolgt ein weiter Blick über die Landschaft im Methodenstaat: „Rings um zugewachsene Städte bedeckt Wald die Hügelketten. Sendetürme zielen auf weiße Wolken […]." (S. 11) Wie bei einem Kameraschwenk folgen viele aneinandergereihte Einzelbeobachtungen, deren **Bildlichkeit** den Charakter von **Idylle und Friedlichkeit** vermittelt: „Hier und da schaut das große Auge eines Sees, bewimpert von Schilfbewuchs in den Himmel […]." (S. 11) Der Erzähler hat nicht nur einen großen **räumlichen**, sondern auch umfassenden **zeitlichen Überblick**, wie sein Verweis auf die „vor Jahrzehnten geflutet[en]" (S. 11) Gruben zeigt. Seine Übersicht zeugt von einem **auktorialen Erzählen**. Zudem kennzeichnet der Erzähler die *Methode* als fortschrittlichen und vernünftigen Staat, indem er die gegenwärtigen Zustände mit den früheren vergleicht. Dazu gehört folgende Passage, die durch die parallelen Satzstrukturen besonders eindringlich wirkt: „Hier stinkt nichts mehr. Hier wird nicht mehr gegraben, gerußt, aufgerissen und verbrannt, hier hat eine zur Ruhe gekommene Menschheit aufgehört, die Natur und damit sich selbst zu bekämpfen." (S. 11) Zuletzt wird der Blick auf die Magnetbahn-Trassen gelenkt, die „schnurgerade[]" (S. 12) durch den Wald verlaufen – auch dies ein Hinweis auf die Rationalität der *Methode*. An deren Schnittpunkt „mitten in der Stadt, mitten am Tag und in der Mitte des 21. Jahrhunderts" (S. 12) beginnt dann die Geschichte.

Der Gerichtssaal als zentraler Ort der Handlung

Wie mit einem **Zoom** der Kamera rückt der Blick des Erzählers näher an das Geschehen. Mit der etwas flapsig wirkenden Formulierung, dass vor Gericht „Justitia ihren Routinegeschäften" (S. 12) nachgeht, wird der Blick des Lesers in einen Gerichtssaal gelenkt und damit an einen **zentralen Ort dieses Justizromans**. Die Beschreibung des Raumes und die Erklärung für die herrschende Sitzordnung von Rechts- und Staatsanwalt vermitteln einen **wohlgeordneten**, **vernünftigen Eindruck**. Richterin Sophie wird auf den ersten Blick als professionelle und sympathische Person gezeichnet mit ihrer „Strickjacke" und ihrem „hochsitzenden Pferdeschwanz" (S. 12).

Zwei Verstöße gegen das Gesundheitsgesetz

Der Leser wird Zeuge von zwei Verhandlungen, bei denen die Beschuldigten nicht anwesend sind. Eine Projektionsfläche zeigt das Bild eines jungen Mannes, der wegen eines „Bagatelldelikt[s]" (S. 13), wegen Koffein-Missbrauchs, angeklagt ist. Der Umstand, dass der Staatsanwalt Bell nur den Finger heben muss, um einen Wechsel der Projektion zu veranlassen, weist auf die **technische Fortschrittlichkeit** des Staates hin. Während bisher der **Erzählerbericht** vorgeherrscht hat, tritt jetzt die **Figurenrede** in den

Vordergrund. Von nun an ist das Erzählen auch stärker **szenisch** angelegt. Während der erste Fall rasch abgehandelt ist, nimmt der zweite mehr Zeit in Anspruch. Es handelt sich um einen Vater, der wegen „Missbrauchs toxischer Substanzen im Bereich Nikotin und Ethanol" (S. 14), also wegen Rauchen und Trinken vorbestraft ist. Ihm wird vorgeworfen, Pflichtuntersuchungen seines Kleinkindes versäumt zu haben, bis letztendlich ein Betreuer „das arme Ding völlig verwahrlost" (S. 14) aufgefunden hat. Die Figurenrede mit **unvollständigen Sätzen**, **Fragen** und **Fachjargon** unterstreicht das routinierte und konsensorientierte Verhalten aller drei. Zusammen mit eher **umgangssprachlichen Ausrufen** wie „So eine Schlamperei" (S. 14) weisen sie aber auch auf eine Vertrautheit der Anwesenden hin, die die juristische Förmlichkeit teilweise entbehrlich macht. Befremdlich wirkt an dieser Stelle vor allem, dass auf dem Bildschirm intime Details wie Nacktfotos, außerdem „Röntgenbilder, Ultraschall, Kernspintomographie des Gehirns" (S. 14) erscheinen.

Während der Verhandlung betritt **Kramer** – ohne zu klopfen – den Gerichtssaal. Er wird vom Erzähler genau und bildhaft beschrieben: „Er bewegt sich mit der Selbstverständlichkeit eines Mannes, der überall Zutritt hat. [...] Seine Bewegungsabläufe erinnern an die trügerische Gelassenheit einer Raubkatze [...]." (S. 15) Dem Leser wird dadurch sofort klar, dass es sich bei Kramer um einen **einflussreichen und gefährlichen Mann** handelt, was auch an den **Reaktionen der anderen** auf ihn erkennbar ist. Im Begrüßungsgespräch sagt er über sich: „Das Auge der vierten Gewalt schläft nie." (S. 16) Mit diesem Bild hebt er seinen unermüdlichen Einsatz bei der **Überwachung des Geschehens** hervor, außerdem verweist er auf seinen **Status als Journalist**. Unter seinen wachsamen Augen wird der Fall weiterverhandelt. Die Betroffenen wirken am Kindeswohl interessiert und haben auch das Wohl der Familie im Blick. Das Strafmaß wirkt nicht besonders hoch.

Der Fall Mia Holl

Staatsanwalt Bell leitet zum Fall Mia Holl über. Bezeichnend für den Roman ist, dass uns seine Hauptfigur zuerst virtuell auf der Leinwand, dabei aber äußerlich komplett durchleuchtet begegnet. Während die Prozessbeteiligten eher gelangweilt von einem weiteren „Bagatelldelikt" (S. 18) ausgehen, ist **Kramers Interesse** geweckt. Anders als beim vorigen Fall wirken die von Bell nüchtern vorgebrachten **Vorwürfe** aus unserer Sicht **eigenartig:** „Schlaf- und Ernährungsbericht wurden im laufenden Monat nicht eingereicht. Plötzlicher Einbruch im sportlichen Leistungsprofil. Häusliche Blutdruckmessung und Urintest nicht durchgeführt." (S. 18) Befremdlich wirkt auch, dass das Gericht über eine große Menge **physiologischer Daten** von Mia verfügt. Während die drei Juristen verständnisvoll wirken und Mia – eine „[e]rfolgreiche Biologin mit Idealbiographie" – nur zu einem „Klärungsgespräch" (S. 19) einladen wollen, macht Kramer deutlich, dass er davon wenig hält. Er gibt an, Mia zu kennen, und betont, dass auch Sophie diese kenne (vgl. S. 19). Als Kramer geht, wird er gefragt, ob er

Im Gericht – Rosentreter (R. Scharenberg), Sophie (K. Moog), Bell (R. Lingschcidt) und Kramer (A. Spaniol) in einer Inszenierung von Bettina Jahnke am Rheinischen Landestheater Neuss (2016)

schon „fertig" sei, woraufhin er entgegnet: „Im Gegenteil. Ganz am Anfang." (S. 19) Damit wird angedeutet, dass der Fall Mia noch nicht abgeschlossen ist, sondern noch **weite Kreise** ziehen wird.

Zusammenfassende Deutung

Das Kapitel führt den Leser im „Zoom"-Verfahren in wichtige **Merkmale des Methodenstaates** ein, wobei er von einem **auktorialen Erzähler** gelenkt wird. Abgesehen von kurzen Personenbeschreibungen, wirken die Verhandlungen eher **szenisch**. Es wird das Bild eines **fortschrittlichen**, **fürsorglichen** und **vernünftigen Staatswesens** gezeichnet, lediglich Details wirken **befremdlich** und verweisen auf dessen später stärker herausgearbeiteten **Unrechtscharakter**. Der Leser lernt in dieser expositorischen Passage die wichtigsten Personen etwas genauer kennen – Mia als **durchleuchtete Marionette**, Kramer als **angriffsbereites Raubtier**, wobei ihr Verhältnis zueinander noch ebenso unklar ist wie der Grund der Bekanntschaft. Das Ende erzeugt eine kognitive Dissonanz beim Leser und regt zum **Weiterlesen** an.

Der erste Eindruck vom Methodenstaat	
Positive Aspekte	**Befremdliche Aspekte**
• keine Umweltverschmutzung	• Hinweise auf Überwachung
• keine Ausbeutung der Natur	• Strafbarkeit von Alkohol- und Nikotinkonsum
• Magnetbahnen statt Autobahnen	
• modernes, hochtechnisiertes Gerichtsgebäude	• Mia Holl als „gläserne" Bürgerin
• professionelle Rechtsvertreter	• Berichterstattungspflichten in den Bereichen Gesundheit, Ernährung und Fitness
• Sorge des Staates um Gesundheit und um das Kindeswohl	
• Richterin Sophie als Sympathieträgerin	• Sonderrechte für Heinrich Kramer
• Strickjacke als Symbol der Harmlosigkeit	• Charakterisierung Kramers als „Raubkatze"

→ **Auf den ersten Blick fortschrittlicher Eindruck des Methodenstaates, aber auch erste Hinweise auf dessen Bedrohlichkeit**

Das Ende vom Fisch (S. 90–97)

Das Kapitel stellt eine **Rückblende** innerhalb der Binnenhandlung dar. Schauplatz ist der Treffpunkt von **Moritz** und **Mia** am **Fluss**. Die Handlung lässt sich in drei große Sinnabschnitte einteilen. Zunächst wird ein **Ritual** geschildert, dass die beiden bei jedem ihrer Treffen in ähnlicher Form praktizieren (vgl. S. 90 f.). Dieses geht beim geschilderten Treffen über in einen **Streit** darüber, wer von beiden **liebesfähig** und damit ein Mensch sei (vgl. S. 91–95). Den Höhepunkt dieses Streits stellt ein Wortgefecht über die **Legitimität eines Selbstmords** dar. Am Ende erzählt Moritz Mia von einer **neuen Damenbekanntschaft**, zu der er im Unterschied zu den vorigen eine Art Seelenverwandtschaft verspürt (vgl. S. 96 f.).

Das Ritual der Geschwister

Mia erinnert sich an einen **ernsthaften Streit** mit Moritz, den sie als den „Beginn des Verhängnisses" (S. 90) von Moritz versteht. Wie bei jedem Treffen macht sich Moritz an der Stadtgrenze über die restriktiven Bestimmungen der *Methode* lustig, die zu „äußerer Versteinerung" und „innerer Totalverblödung" (S. 90) führten, wohingegen er den **Wald als Ort der Freiheit** ansieht. Dort pflegt er in Mias Beisein an einer schwärmerisch als „Kathedrale" (S. 91) bezeichneten Lichtung zu angeln und den Fang in Form eines ursprünglichen Mahls zu verzehren. Sowohl das sprachliche Bild als auch die Tätigkeit lassen sich als Ausdruck seiner **Naturverehrung** und seiner Distanz zum **Methodenstaat** deuten. Bei besagtem Treffen ist es nicht anders und sogar Mia legt sich „dem Hautkrebsrisiko zum Trotz" (S. 91) in die Sonne.

Streit über das Wesen des Menschen

Die – wenn auch passive – Beteiligung Mias an dem Ritual sowie ein **Blick in ihr Inneres**, der ihre **Bewunderung** für den „unwiderstehlich[en]" (S. 91) Moritz offenlegt, zeugen zwar von

emotionaler Nähe der Geschwister zueinander. Doch als Moritz ausführlich von einem Sexabenteuer erzählt, bricht sie verärgert einen **Streit** vom Zaun, in dem sie behauptet, dass Moritz ein „vergnügungssüchtiger Egoist[]" (S. 91) ohne Liebesfähigkeit sei. Die Schärfe des Streits lässt sich unter anderem dadurch begründen, dass Mia, die keinen Partner und wenig soziale Kontakte hat, eifersüchtig auf Moritz ist (vgl. S. 91). Dies ist ein Hinweis darauf, dass sie ihre Gefühle unterdrückt.

Zunächst herrscht hier wie zuvor **Erzählerbericht** vor, doch bald geht der Erzähler bei der Schilderung der **Auseinandersetzung** zur **Figurenrede** über, die einen höheren Grad an **Unmittelbarkeit** schafft und nur geringfügig von Einlassungen des Erzählers unterbrochen wird.

Moritz weist ihren Vorwurf in **schwärmerischem Ton** (S. 92: „[S]eine Stimme glich der eines vortragenden Lyrikers.") zurück. Er sei Mensch, weil er sich **über die Zwänge der Natur** erheben könne: „Dem Menschen genügt das Dasein nicht, wenn es ein bloßes Hier-Sein meint. Der Mensch muss sein Dasein *erfahren*. Im Schmerz. Im Rausch. Im Scheitern. Im Höhenflug. Im Gefühl der vollständigen Machtfülle über die eigene Existenz. Über das eigene Leben und den eigenen Tod." (S. 92).

Durch die Verwendung von **Ellipsen** und **Anaphern** wirkt der Abschnitt besonders **eindringlich**. Leben bedeutet für ihn nicht das einfache, sozusagen biologische Existieren („bloßes Hier-Sein"), sondern das **Erfahren des „Dasein[s]"** (S. 92).

Mia wendet ein, dass diese Erfahrungen nur aufgrund eines „Sicherheitsfundament[s]" (S. 93) möglich seien, für das andere zahlen müssten. Moritz reagiert darauf empört mit einer **Kette von Fragen**, die er selbst beantwortet: „Weißt du, wann unsere Welt endlich sicher sein wird? Wenn alle Menschen in Reagenzgläsern liegen, eingebettet in Nährlösung und ohne die Möglichkeit, einander zu berühren!" (ebd.) Das Menschliche zeigt sich für ihn in der Fähigkeit, die **körperlichen Beschränkungen** zu überschreiten, **Ideen zu entwickeln** und **Sinn zu suchen** bzw. **zu finden.** Mia hält dem entgegen, dass alle Heilsversprechen der Vergangenheit wie der Glaube an Gott, die Idee der Nation oder der Menschenrechte nur „haarsträubende Tölpelei" (S. 94) gewesen seien. Moritz' **Idealismus und Schwärmerei** speisten sich aus **Selbsthass.** Psychologisierend **wertet** sie Moritz **ab,** indem sie metaphorisch von einem „mythische[n] Mäntelchen" (ebd.) spricht, das er sich umhänge, weil er ansonsten die Welt nicht ertragen könne. Diesen Selbsthass richte er dann auf das System, er führe außerdem dazu, dass er am Gedanken eines Selbstmords Gefallen finde. Während **Moritz** auf seiner **Entscheidungsfreiheit** beharrt und den **Tod als Ende des Lebens** ansieht, nicht als dessen Gegensatz, erwartet **Mia** von einem wirklich freien Menschen ein **Bekenntnis zum Leben.** Erfolglos versucht sie mit dem Wortwitz vom „Ende vom Fisch" (S. 95) die Situation zu entkrampfen.

Auch die Bedeutung von Moritz' lebensgefährlicher **Leukämieerkrankung** bewerten beide unterschiedlich. Moritz meint, ihr „das Erlebnis" der „eigenen Sterblichkeit" (S. 95) zu verdanken. Mia hält dagegen, dass die *Methode* mit ihrer umfangreichen Stammzellendatenbank seine Rettung gewesen sei. Doch der rebellische Moritz will nicht den „Spießern" (S. 95) von der *Methode* danken, sondern der Natur – und zwar für die Sterblichkeitserfahrung. Als er weiter ohne die gewohnte ironische Distanz darauf beharrt, im Gegensatz zu ihr „*[e]chte* Empfindungen" (S. 95) verspüren zu können, lenkt Mia ein und fragt nach den Ursachen für seine Verfassung.

Insgesamt zeigt sich die **Heftigkeit** der Auseinandersetzung in diesem Abschnitt nicht nur in der Gegensätzlichkeit der aufeinanderprallenden Auffassungen, sondern auch in **persönlichen,** teilweise **ironisierenden Angriffen:** Moritz redet seine Schwester als „arme, vertrocknete Mia" (S. 92) an, bezeichnet sie als „verbohrt" (S. 95) und spricht ihr ab, ein Mensch zu sein (vgl. S. 92).

Mia bezeichnet ihn im Gegenzug als „arm[]", „verirrt[]" und als „Heuchler" (S. 93) und stellt ihm ironisierend die rhetorische Frage, ob ihn die „tragische, aber letztlich ziemlich gewöhnliche Geschichte" – gemeint ist seine Leukämieerkrankung – zu einem „höheren Wesen gekürt" (S. 95) habe.

Moritz' neue Damenbekanntschaft

Deutliches Zeichen für eine Annäherung der Geschwister nach dem Streit ist der Umstand, dass Mia **körperliche Nähe** zu ihrem Bruder sucht, indem sie seine Schulter berührt (vgl. S. 95). Moritz informiert sie über eine neue Bekanntschaft namens Sibylle und sieht sie dann auf eine Art und Weise an, die den Streit verblassen lässt und Nähe schafft. Die jetzt sich **entspannende Gesprächs-stimmung** wird in der Natur gespiegelt: „Übrig blieben klare Luft, der Geruch warmer Erde und der Fluss [...]." (S. 96) Moritz sieht Sibylle als **Geistesverwandte**, die wie er dem **System kritisch** gegenübersteht, und spricht sogar von „Verliebtheit" (S. 96). In seine Ausführungen mischen sich Bilder voll **Pathos und Witz:** „Man könnte auch Plastikrosen kaufen, ein staatlich geprüftes Parfüm oder schokoladenfreie Pralinen. Nur dass ihr das nicht gefallen würde. Ich bringe einen Strauß Parolen zum Rendezvous, den Duft der Freiheit und die Süße der Revolution." (ebd.) Sibylle würde zudem nicht so „knittrig gucken und staubig reden" (ebd.) wie Mia, sondern ihn vorbehaltlos verstehen bzw. genauso „durchgedreht" (S. 97) wie er sein. Moritz' – wenn auch flüchtiger – Kuss auf Mias Stirn (vgl. ebd.) unterstreicht die **tiefe Verbindung der Geschwister**.

Am Ende des Kapitels findet dann tatsächlich ein Fisch sein Ende, indem Moritz seinen sich wehrenden Fang mit der Angelschnur aus dem Wasser zieht und erschlägt.

Moritz Holl (Julian Francis Bisesi) bereitet den Fisch zum Verzehr vor (Inszenierung von Michael Schweighöfer am Deutschen Theater Berlin, 2016).

Zusammenfassende Deutung

Das Kapitel zeigt einerseits die **starke emotionale Nähe** der beiden Geschwister. Andererseits werden ihre weltanschaulichen Gegensätze deutlich. In ihrem **Menschenbild** liegen beide weit auseinander. Mia vertritt an dieser Stelle noch den Standpunkt der *Methode*, die aus vermeintlich rationalen Gründen alle höheren Ideen ablehnt und die zentrale Bedeutung von körperlicher Gesundheit und Sicherheit für den Einzelnen betont. Der **idealistische** Moritz tritt für die **individuelle Freiheit** ein, für das Recht auf **Selbstverwirklichung** bis hin zur Selbstzerstörung. Moritz' These vom Recht auf Suizid, das starke Symbol der Angelschnur (vgl. S. 94) und das brutale Ende des Kapitels verweisen auf seinen Selbstmord, der zum Umdenken Mias führen wird.

Mias und Moritz' Streit in der „Kathedrale"	
Moritz	**Mia**
• Menschsein = Erhebung über die Zwänge der Natur	• Sicherheit als Grundlage menschlicher Existenz
• gleichzeitig Verklärung der Natur zum Ort der Freiheit	• Bekenntnis zum Leben als Gebot der Vernunft
• Persönlichkeitsentwicklung durch umfassende Erfahrung des Daseins	• Ausleben der Freiheit nicht auf Kosten der Gemeinschaft
• Selbstverwirklichung und Entscheidungsfreiheit	• Verweis auf das vermeintliche Scheitern der großen Ideen
• Infragestellung des Wertes der Sicherheit	• Überleben von Moritz nur dank der Gesundheitsgesetze der *Methode*
• Tod als Teil des Lebens	
• Verweis auf eigene Todeserfahrung	
Methodenkritischer Standpunkt: Freiheit, Emotionen, Ideale	**Methodenkonformer Standpunkt: Vernunft, Sicherheit, Gesundheit**

→ Im Streit der Geschwister prallen gegensätzliche Menschenbilder aufeinander.
→ Zwar fühlt sich Mia Moritz emotional nahe, sie ist aber noch von der Methode überzeugt.

Wie die Frage lautet (S. 186 f.)

Das kurze Kapitel nimmt eine **zentrale Stellung** im Roman ein. Es handelt sich dabei um das **politische Bekenntnis**, das Mia in ihrer Wohnung dem Chefideologen Kramer diktiert. Als dieser es veröffentlicht, erregt es allgemeines Aufsehen. Als Ausdruck ihrer persönlichen Einstellung ist das Kapitel konsequent in der **Ich-Perspektive** erzählt. Besonders eindrücklich wirkt die Passage durch die asyndetische Aneinanderreihung syntaktisch gleich aufgebauter Aussagen. Insgesamt besteht das Kapitel aus 21 Formeln des Vertrauensentzugs, die kurz erläutert werden sollen:

Mia kritisiert eine Gesellschaft, die Angst vor dem hat, was ihrer Meinung nach den Menschen ausmacht, wie Krankheiten oder das Streben nach Freiheit. Dementsprechend wendet sie sich auch gegen ein Verständnis von „Zivilisation" (S. 186), das nur auf den **Körper fixiert** ist und den „Geist", d. h. **Ideale**, **individu-elle Wünsche** und **Weltsichten**, ablehnt. Außerdem spricht sie sich gegen ein Verständnis von Körperlichkeit aus, dass den Kör-per nicht als etwas Individuelles, sondern als Ausdruck bzw. Er-füllung einer Norm ansieht. Zusätzlich greift sie die unhinter-fragte **Gleichsetzung von Gesundheit und Normalität** und damit die **Legitimität der Herrschaft** der *Methode* an. Darüber hinaus tritt sie einer **Verabsolutierung des Bedürfnisses nach Sicherheit** entgegen und weist die Philosophie der *Methode* zu-rück, nach der mit der Ausrottung von Krankheiten alle grund-legenden Fragen des Menschseins gelöst seien. Im Zusammen-hang damit sieht sie die fehlende Unterscheidung von „Gut" und „Böse" und somit den **verengten Vernunftbegriff** im Metho-denstaat kritisch, in dem Handlungen nicht nach ethischen Grundsätzen beurteilt werden. Dem Recht wirft sie vor, seine Erfolge nur deswegen zu erzielen, weil es **Grundrechte** bzw. die **Privatsphäre** der Bürger negiert. Aber sie distanziert sich auch von der Bevölkerung, die die Überwachung durch die *Methode* und somit die Beschneidung ihrer Rechte hinnimmt – mit der Begründung, selbst stets rechtmäßig zu handeln und daher nichts zu befürchten zu haben. Sie kritisiert mit Blick auf den Bruder die Fixierung auf vermeintliche Tatsachen wie den DNA-Test, wäh-rend den Aussagen der Prozessteilnehmer kein Gehör geschenkt werde. Sie wendet sich gegen ein Verständnis von Gemeinwohl, das den Einzelnen in seiner **Selbstbestimmung** einschränkt, nur weil dadurch Kosten vermieden werden können, und gegen ein Verständnis vom „persönlichen Wohl" (S. 187), das für individu-elle Vorstellungen oder Ansprüche zu wenig Raum lässt. Sie attackiert eine Politik, die nur deswegen beliebt ist, weil sie alle **Risiken** für die Bürger beseitigt, und eine Wissenschaft, die die Möglichkeit von Selbstbestimmung verneint. Dazu passt, dass sie

sich gegen ein Verständnis von **Liebe** ausspricht, das nur auf biologischen Faktoren beruht. Sie wendet sich gegen Eltern, die
bestrebt sind, alle Risiken für ihre Nachfahren auszuschalten und
diesen somit die Möglichkeit nehmen, **eigene Erfahrungen** zu
machen. Passend dazu kritisiert sie den Staat, weil dieser auf **be-
vormundende Weise** beansprucht, das Wohl seiner Bürger besser zu kennen als diese selbst. Am Ende wird immer deutlicher,
dass sie auch **mit ihrem früheren Ich abrechnet**, wenn sie die
Verdrängung der Einsicht, dass der Tod Teil bzw. Ziel des Lebens
ist, beklagt und sich selbst vorwirft, dass ihr erst der Tod des
Bruders den Blick für den **Sinn des Lebens** eröffnet hat.

Zusammenfassende Deutung

In ihrem Bekenntnis kritisiert Mia also den Staat für seine Ideologie und die sich daraus ergebende Politik, außerdem die Bevölkerung für ihre Gleichgültigkeit und dafür, dass ihr Gesundheits-
und Sicherheitsstreben die totalitäre Herrschaft der *Methode* be-
günstigt. **Philosophie, Wissenschaft und Justiz** werden als
willfährige Helfer des Methodenstaates angegriffen. Ins Positive
gewendet fordert Mia eine **offene und humane Gesellschaft**,
deren Mitglieder auch bereit sind, Risiken einzugehen. Außerdem erwartet sie vom Staat, dass er die **Vielfalt der Menschen**
akzeptiert, ihnen **Selbstbestimmung** ermöglicht und anerkennt,
dass Menschen übergeordnete **Ideale** brauchen bzw. Ziele anstre-
ben und sich an einem moralischen Kompass ausrichten wollen.
In diesem Staat soll **Gewaltenteilung** herrschen und die **Grundrechte** sollen garantiert werden. Die Kapitelüberschrift lässt sich
so deuten, dass sie das bisherige System infrage stellt und darüber
hinaus die Frage an die Öffentlichkeit richtet, in welchem Staat
und in welcher Gesellschaft die Menschen leben möchten. Am
Ende richtet sich Mias Kritik auch **gegen ihr früheres Ich**, was
ihre **Entwicklung** im Handlungsverlauf unterstreicht. Denn sie
erkennt, dass ihre frühere Einstellung Leben auf bloßes Existieren

beschränkt hat, und **beendet** damit ihren **inneren Konflikt**, auch durch das Aufgreifen und die **Systematisierung von Ideen** ihres Bruders. Mit der öffentlichen Kritik an der *Methode* wird gleichzeitig der **Weg in die Katastrophe** eingeleitet.

Mias politisches Bekenntnis

Mias politisches Bekenntnis: „Wie die Frage lautet"

Was Mia will
- eine offene und humane Gesellschaft
- die Bereitschaft, Risiken einzugehen
- eine Garantie der Grundrechte durch den Staat
- ein Handeln nach ethischen Grundsätzen
- einen pluralistischen Staat, der dem Einzelnen ermöglicht, sich frei zu entfalten

Was Mia ablehnt
- Fixierung auf den Körper und Verneinung aller Ideale
- Gleichsetzung von körperlicher Gesundheit und Normalität
- Bevölkerung, die ihre eigene Entrechtung willenlos hinnimmt
- keine Berücksichtigung ethischer Grundsätze in der Politik
- unkritischer Umgang mit vermeintlich objektiven Fakten
- Mangel an Unabhängigkeit von Recht und Wissenschaft
- Einschränkung von Grundrechten durch die Politik
- Beschränkung der Entfaltungsmöglichkeiten des Einzelnen aus Kostengründen
- Verabsolutierung des Wertes der Sicherheit
- Vermeidung aller Risiken

Systematische, öffentliche Infragestellung der *Methode*; Aufruf an die Bevölkerung, die eigenen Vorstellungen vom Gemeinwesen zu reflektieren

Rezeption

Wohl aufgrund der aktuellen Thematik wurde *Corpus Delicti* zum Verkaufserfolg. In Deutschland liegt mittlerweile die 17. Auflage vor, unter dem Titel *The Method* erschien eine **Übersetzung** ins Englische. Daneben existieren unter anderem spanische, französische, italienische, schwedische und niederländische Ausgaben. In Zusammenarbeit mit der Rockband Slut vertonte Zeh den Stoff zudem unter dem Titel *Schallnovelle*. Auch seitens der **Literaturkritik** stieß der Roman auf großes Interesse. Einige ausgewählte positive und negative Kritiken werden kurz vorgestellt:

Eher **negativ** bewertet **Rainer Moritz** den Roman in seiner Rezension *Unverträgliche Immunsysteme*[13] *(NZZ)*. Er lobt zwar zunächst das **politische Engagement** der Schriftstellerin, die er zu den „intelligentesten Repräsentanten der deutschsprachigen Gegenwartsliteratur" zählt. Auch dass Zeh den gegenwärtigen „**Gesundheitswahn**" in die Zukunft fortschreibt und so eine „**erschreckende Gesellschaftsvision**" beschreibt, überzeugt den Kritiker. Allerdings stößt er sich an der literarischen Umsetzung des Themas, die er für zu **einfallslos** und **wenig ansprechend** hält. Zwar halte Zeh ihren „metaphorischen Überschwang weitgehend im Zaum", aber die Figurenzeichnung erscheint ihm zu eindimensional. Sie setze insgesamt zu stark auf Belehrung und zu wenig auf künstlerische Ausgestaltung.

Martin Krumbholz bewertet den Roman ebenfalls **eher negativ**. Im *Deutschlandfunk*[14] bescheinigt er Zeh zwar „großen **Einfallsreichtum** bei der Erfindung und Benennung der gesundheitsfanatischen Symptome, die die ‚Methode' charakterisieren". Er wirft allerdings die Frage auf, „ob es nicht Schlimmeres gibt als eine Gesundheitsutopie". Die Autorin mache „einer Diktatur den Prozess", deren „künftige Entstehung" er für **unwahr-scheinlich** hält. Gemessen an anderen bekannten Science-Fiction-Autoren sei der „literarische[] Ertrag" eher niedrig.

Harro Albrecht geht in dem Beitrag *Ein bisschen Diktatur darf sein*[15] *(Die Zeit)* noch einen Schritt weiter. Der Medizinjournalist stellt heraus, dass erst „staatliche Eingriffe [...] uns im Laufe der Jahrhunderte ein langes, krankheitsfreies Leben geschenkt" haben, und belegt dies an zahlreichen Beispielen. Albrecht hebt die „**Fürsorge und Aufklärungspflicht des Staates**" hervor und unterstreicht, dass es letztlich die **soziale Ungleichheit** zementiere, wenn der Staat die Menschen sich selbst überlasse. Denn gerade Angehörige der Unterschicht lebten häufig besonders ungesund und könnten die Folgen oft nur schlecht abschätzen.

Eher **wohlwollend** ist **Wolfgang Höbels** Besprechung *Hexe im Tiefkühlfach*[16] *(Der Spiegel)* ausgefallen. Der Kritiker lobt das zielstrebige Vorgehen der Autorin, die einen **packenden Kriminalfall** präsentiere und dem Leser darüber hinaus die Vor- und Nachteile einer „aller Metaphysik beraubten Beinahe-Idealgesellschaft" vorstelle. Das Konzept des Romans mit dem „scharfsinnigen Gedanken-Pingpong" der Helden und dem „heiter-diskursiven Furor" überzeugt ihn. Lediglich an der Figur der idealen Geliebten und aus seiner Sicht schiefen Bildern stört sich Höbel.

In der *FAZ*[17] lobt **Christian Geyer**, dass sich Juli Zeh an eine Kritik des in unserer „verängstigten Gesellschaft" vorherrschenden **Präventionsgedankens** heranwagt und dessen „totalitäres Potenzial" mit erzähltechnischen Mitteln aufzuzeigen versucht. Er sieht Zeh als „Moralistin", die den Mut hat, auf das beliebte Mittel der ironischen Distanzierung zu verzichten, und „ihre Einsprüche gegen den Zeitgeist" **scharfsinnig** und **wuchtig** zugleich verpacken könne. Mit der Utopie bzw. Dystopie habe sie die geeignete Form gewählt, um „Erzählen und Argumentieren" zu verbinden.

Katharina Granzin relativiert in ihrer Besprechung *Die erpresste Sorge um sich*[18] *(TAZ)* allzu euphorische Urteile, denen

zufolge Zeh mit *Corpus Delicti* ein „weiblicher George Orwell"
geworden sei. Der Roman könne nicht annähernd so erschüttern
wie *1984*. Auch könne man den Plot als **zu konstruiert**, die Ausgestaltung als **zu reißerisch** bezeichnen. Sie hält den aus ihrer
Sicht kompakten Roman schlicht für ein gut geschriebenes „Ge-
dankenexperiment". *Corpus Delicti* profitiere von seiner Genese
als Bühnenstück, weil die für das Theater nötigen Beschränkungen von Ort, Zeit und Handlung „dem Text eine auf das Wesent-
liche reduzierte, klaustrophobische Anmutung" verliehen.

Besonders positiv ausgefallen ist **Evelyn Fingers** *Das Buch der
Stunde*[19] *(Die Zeit)*. Sie bescheinigt Juli Zeh, eine „**scharfsinnige
Zukunftsvision**" abgeliefert zu haben, in welcher „der perfekte
Körper das höchste Gut" sei. Diese Thematik sei äußerst relevant.
Zwar sei die NS-Ideologie vom „lebensunwerten Leben" als An-
knüpfungspunkt obsolet, aber die heute vorherrschende „Ideologie der Effizienz" einer „körperfixierten Gesellschaft" sei anfällig
für totalitäre Entwicklungen. Wenn der Mensch nur als Kosten-
faktor betrachtet werde, würden alle Normabweichungen als Ver-
lustbringer bekämpft. Finger sieht es als geschickten Schachzug
an, dass Zeh mit der rationalen Biologin Mia Holl eine „Staats-
feindin wider Willen" auftreten lässt, die das System, das sie
später zugrunde richtet, anfangs noch verteidigt. Während die
Handlung sich allmählich entfalte, sehe der Leser die möglichen
Folgen aktueller Tendenzen zur Selbstoptimierung wie
Rauchverbote und „Fitnessgebote". Bindeglied sei ein Nützlich-
keitsdenken, „das den Einzelnen auf die Gemeinschaft verpflichtet". Darüber hinaus stelle sich bei der Lektüre die Frage, „wie ein
gelingender Staat aussehen könnte".

Festzuhalten ist, dass die Kritik die Auseinandersetzung mit
der **Problematik einer Gesundheitsdiktatur** vielfach **positiv**
bewertet, gerade weil es Zeh gelingt, in der Gegenwart erkenn-
bare Ansätze dazu in ihrem Problemgehalt aufzuzeigen. **Negativ**
gesehen wird dagegen teilweise die **Figurenzeichnung** und teilweise auch die **sprachliche Gestaltung**.

Literaturhinweise

Verwendete Textausgabe

ZEH, JULI: Corpus Delicti. Ein Prozess. 17. Auflage. München: btb, genehmigte Taschenbuchausgabe, 2010

Sekundärliteratur und weitere Literatur

FINGER, EVELYN: Das war meine Rettung – „Wenn's geht, nicht aus Sachsen sein." In: Zeitmagazin Nr. 33/2015 vom 30. August 2015, http://www.zeit.de/zeit-magazin/2015/33/juli-zeh-rettung (abgerufen am 18. 06. 2018)
    Interview mit Juli Zeh über ihren Wegzug aus Leipzig

FREISFELD, CAROLIN: Geschichten, die das Leben schreibt. In: FAZ, aktualisiert am 18. 06. 2012, http://www.faz.net/aktuell/beruf-chance/mein-weg/juli-zeh-geschichten-die-das-leben-schreibt-11786236.html?printPaged Article=true#page Index_0 (abgerufen am 18. 06. 2018)
    Artikel über Juli Zehs beruflichen Werdegang zwischen Jura und Literatur, zwischen Leben in der Großstadt und auf dem Land

GERNERT, JOHANNES: Plädoyer gegen die Fitness-Diktatur. Interview mit Juli Zeh. In: Stern, 24. 03. 2009, https://www.stern.de/kultur/buecher/interview-mit-juli-zeh-plaedoyer-gegen-die-fitness-diktatur-3432820.html (abgerufen am 18. 06. 2018)
    Interview mit Juli Zeh zum Thema „Gesundheitswahn"

JANKER, KARIN: „Wir werden manipulierbar und unfrei".
Interview mit Juli Zeh über das Generali-Versicherungsmodell.
In: Süddeutsche Zeitung, 26. 11. 2014, http://www.sued-
deutsche.de/kultur/juli-zeh-ueber-das-generali-modell-wir-
werden-manipulierbar-und-unfrei-1.2232147 (abgerufen am
18. 06. 2018)
> Interview mit der Autorin u. a. über ein Versicherungsmodell,
> das auf der Preisgabe sehr persönlicher Daten beruht

ZEH, JULI: Treideln. 2. Auflage. München: btb, genehmigte
Taschenbuchausgabe, 2015
> Anlässlich ihrer Gastdozentur an der Goethe-Universität in
> Frankfurt veröffentlichte Juli Zeh diesen poetologischen Brief-
> roman, in dem sie sich mit dem Schreiben auseinandersetzt.

ZEH, JULI: Fragen zu „Corpus Delicti". München: btb, 2020.
Fiktives Selbstinterview zum Roman *Corpus Delicti*

Anmerkungen

1   Juli Zeh in einem *Deutschlandfunk*-Interview
     (08. 01. 2012); http://www.deutschlandfunk.de/ein-
     plaedoyer-gegen-den-gesundheits-und-
     fitnesswahn.691.de.html?dram:
     article_id=56526 (abgerufen am 20. 06. 2018)

2   http://www.faz.net/aktuell/beruf-chance/mein-weg/
     juli-zeh-geschichten-die-das-leben-schreibt-11786236-
     p2.html (abgerufen am 20. 06. 2018)

3   http://www.zeit.de/zeit-magazin/2015/33/juli-zeh-
     rettung (abgerufen am 20. 06. 2018)

4   Juli Zeh: Treideln. 2. Auflage. München 2015, S. 133

5   https://www.stern.de/kultur/buecher/interview-mit-
     juli-zeh-plaedoyer-gegen-die-fitness-diktatur-
     3432820.html (abgerufen am 20. 06. 2018)

6   Ebd.

7   http://www.sueddeutsche.de/kultur/juli-zeh-ueber-das-
     generali-modell-wir-werden-manipulierbar-und-unfrei-
     1.2232147-2 (abgerufen am 20. 06. 2018)

8   Deutscher Bundestag, 18. Wahlperiode, Drucksache
     18/11369 (03. 03. 2017)

9   http://www.sueddeutsche.de/kultur/juli-zeh-ueber-das-
     generali-modell-wir-werden-manipulierbar-und-unfrei-
     1.2232147-2 (abgerufen am 20. 06. 2018)

10   Ebd.

11   Juli Zeh: Treideln. 2. Auflage. München 2015, S. 151 f.

12   Vgl. ebd., S. 54–59

13   https://www.nzz.ch/unvertrgliche_immunsysteme-
     1.3090964 (abgerufen am 20. 06. 2018)

14   http://www.deutschlandfunk.de/gesundheitsdiktatur-
     als-zukunftsvision.700.de.html?dram:article_id=84085
     (abgerufen am 20. 06. 2018)

15 http://www.zeit.de/2009/13/M-Gesundheitsdiktatur
    (abgerufen am 20. 06. 2018)
16 http://www.spiegel.de/spiegel/print/d-64283877.html
    (abgerufen am 20. 06. 2018)
17 http://www.faz.net/aktuell/feuilleton/buecher/
    rezensionen/belletristik/juli-zehs-neuer-roman-
    geruchlos-im-hygieneparadies-1774442.html (abgerufen
    am 20. 06. 2018)
18 http://www.taz.de/!703562/ (abgerufen am
    20. 06. 2018)
19 http://www.zeit.de/2009/10/L-Zeh (abgerufen am
    20. 06. 2018)

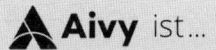

Bist du bereit für deinen Einstellungstest?

Hier kannst du testen, wie gut du in einem Einstellungstest zurechtkommen würdest.

1. **Allgemeinwissen**
Der Baustil des Kölner Doms ist dem/der ... zuzuordnen.

a) Klassizismus   b) Romantizismus
c) Gotik   d) Barock

2. **Wortschatz**
Welches Wort ist das?

N O R I N E T K T A Z N O

3. **Grundrechnen**
-11 + 23 - (-1) =

a) 10   b) 11   c) 12   d) 13

4. **Zahlenreihen**
Welche Zahl ergänzt die Reihe logisch?

17 14 7 21 18 9 ?

5. **Buchstabenreihen**
Welche Auswahlmöglichkeit ergänzt die Reihe logisch?

e d f f e g g f h ? ? ?

a) h i j   b) h g i   c) f g h   d) g h i

Alles zum Thema Einstellungstests findest du hier:

www.stark-verlag.de   **STARK**

STOPP DIE PANIK

Mit der Fußsohlen-Methode

Prüfungen können Angst- und Fluchtsituationen sein. Dein Körper schüttet Adrenalin aus und dämpft das Gefühl in den Füßen. Z. B. beim Weglaufen ist es gut, wenn man die Füße nicht spürt. Eine Prüfung ist aber **keine Gefahrensituation**. Signalisiere deinem Körper, dass du nicht weglaufen musst, und bring das Gefühl in deine Füße zurück:

Setze oder stelle dich hin.
Die Füße müssen den **Boden** berühren.

Schließe jetzt deine Augen und **denke** dich in deine Füße hinein.

jeden einzelnen **Zeh**
von klein **spüre** bis **groß**.

Erkunde den **Bogen** deines Fußes.

Fahre in Gedanken um die **Fersen**.

Spüre den **Druck** auf dem Boden.

Dein Körper **fühlt** die Füße wieder und denkt, er sei in keiner Panik-Situation, sondern in **Sicherheit**.

Eure Lern**tipps**

 aus der
Insta-Community

Chiara, 16

Verwendet Farben zum Lernen! Es wird viel über-sichtlicher. Und wenn man den Lernzettel anschaut, ist man viel motivierter beim Lernen, weil er schön bunt ist.

Özgür, 20

Vergiss nicht, wie weit du bisher gekommen bist, und wie viel Potenzial in dir steckt.

Miriam, 18

Bewusst eine Auszeit zu nehmen ist effektiver, als alles nur aufzuschieben.

www.stark-verlag.de

Mehr Lerntipps findet ihr in unserer Instagram-Community: @stark_verlag

STARK